本书受山东师范大学经济学院学科振兴计划资助

本书为国家社科基金青年项目"基于用户竞争视角的互联网平台排他性交易的监管研究"(项目编号21CJY058)的阶段性成果

Internet Platform

用户规模、用户类别与互联网平台竞争

鲁彦 著

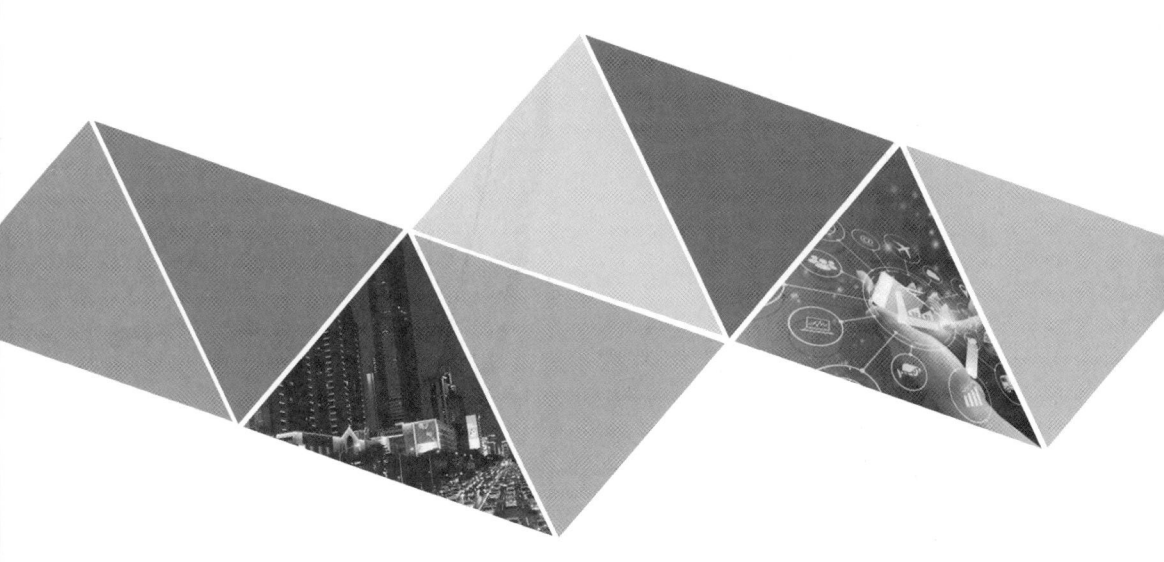

中国社会科学出版社

图书在版编目（CIP）数据

用户规模、用户类别与互联网平台竞争/鲁彦著.—北京：中国社会科学出版社，2022.6
ISBN 978-7-5227-0692-4

Ⅰ.①用… Ⅱ.①鲁… Ⅲ.①网络公司—企业竞争—研究 Ⅳ.①F490.6

中国版本图书馆 CIP 数据核字 (2022) 第 145288 号

出 版 人	赵剑英
责任编辑	车文娇
责任校对	周晓东
责任印制	王　超
出　　版	中国社会科学出版社
社　　址	北京鼓楼西大街甲 158 号
邮　　编	100720
网　　址	http://www.csspw.cn
发 行 部	010-84083685
门 市 部	010-84029450
经　　销	新华书店及其他书店
印　　刷	北京明恒达印务有限公司
装　　订	廊坊市广阳区广增装订厂
版　　次	2022 年 6 月第 1 版
印　　次	2022 年 6 月第 1 次印刷
开　　本	710×1000　1/16
印　　张	12.25
插　　页	2
字　　数	182 千字
定　　价	66.00 元

凡购买中国社会科学出版社图书，如有质量问题请与本社营销中心联系调换
电话：010-84083683
版权所有　侵权必究

目 录

第一章 绪论 ··· 1

    第一节 问题的提出 ································· 1

    第二节 研究目标与研究方法 ························· 3

    第三节 研究思路与主要内容 ························· 5

    第四节 主要创新点与研究局限 ······················· 9

第二章 文献综述 ···································· 11

    第一节 双边市场概念界定与分类 ···················· 11

    第二节 平台厂商市场势力的影响因素 ················ 13

    第三节 平台用户规模竞争 ·························· 16

    第四节 平台用户类别竞争 ·························· 20

    第五节 本章小结 ·································· 24

第三章 平台生产与消费的同一化和用户竞争 ············ 26

    第一节 平台生产与消费的同一化 ···················· 26

    第二节 平台中的规模经济与平台用户规模竞争 ········ 33

    第三节 平台中的范围经济与平台用户类别竞争 ········ 35

    第四节 本章小结 ·································· 38

第四章 平台用户规模竞争：理论分析 ·················· 40

    第一节 平台用户规模竞争的用户规模扩大效应 ········ 40

    第二节 平台"用户补贴"的用户规模扩大效应 ········· 46

第三节 平台"用户迁移"的用户规模扩大效应 …… 60
第四节 单边厂商"平台化"的用户规模扩大效应 …… 65
第五节 本章小结 …… 76

第五章 平台用户类别竞争：理论分析 …… 78

第一节 用户类别竞争的机理 …… 79
第二节 交叉网络外部性作用下的平台用户类别竞争 …… 81
第三节 跨市场成本制约下的平台用户类别竞争 …… 89
第四节 交叉网络外部性与用户类别竞争中的滥用市场势力 …… 94
第五节 本章小结 …… 97

第六章 平台用户规模竞争与用户类别竞争的实证分析 …… 99

第一节 平台用户规模竞争的实证分析 …… 99
第二节 平台用户类别竞争的实证分析 …… 111
第三节 本章小结 …… 133

第七章 平台用户竞争的案例分析 …… 135

第一节 平台用户规模竞争的案例分析 …… 135
第二节 平台用户类别竞争的案例分析 …… 154
第三节 本章小结 …… 165

第八章 主要结论与对策建议 …… 167

第一节 主要研究结论 …… 167
第二节 相关政策建议 …… 169

参考文献 …… 172

致　　谢 …… 193

第一章　绪论

第一节　问题的提出

随着信息技术的进步与普及，互联网正在覆盖世界上的多数人口，且深度与广度仍在迅速深化与扩大。2018年，全球互联网用户数量已达到38亿人，占据全球人口总数的51.04%[1]；中国互联网用户数量达到8.02亿，占中国总人口的57.54%[2]。互联网已经成为日常生活的重要组成部分，互联网平台的服务模式也渗透进生活的方方面面，规模庞大的用户在平台的媒介服务下各取所需，传统的供需匹配在平台模式下得以更广更快的实现，促使传统的经济模式快速实现网络化，极大地释放了各经济参与主体的活力。互联网技术的进步和普及也在一定程度上打破了传统意义上的行业界限，使平台厂商跨市场进入和竞争时有发生，呈现出跨市场广度不断扩展、频次不断提升的特点，为平台经济的快速发展带来新的活力。因此，在技术进步背景下的新型平台经济模式正深入地改变着传统经济模式，为多个产业带来巨大的变革。

互联网跨越地域限制和跨越时间限制的特性，使互联网平台集成了信息搜寻、供需匹配、交易促成等多种职能，缩短了经济活动的链

---

[1] 玛丽·米克尔：《互联网趋势报告2019》，https://www.bondcap.com/pdf/Internet_Trends_2019.

[2] 中国互联网络信息中心：《中国互联网发展状况统计报告》，http://www.cnnic.net.cn/hlwfzyj/hlwxzbg/hlwtjbg/201808/t20180820_70488.htm，2018年8月20日。

条，一定程度上降低了整体的交易成本。但是在平台经济蓬勃发展的同时，互联网平台的部分竞争行为也引起了争议，甚至招致反垄断指控。互联网平台的核心产品是向用户提供媒介或匹配服务，在对用户的争夺过程中，互联网平台部分竞争行为却损害了其他市场参与主体乃至用户的利益，如"网约车补贴争议""滴滴垄断争议""苹果电子书反垄断案""谷歌比价服务案""谷歌操作系统案"等。这些争议或案件的出现表明，尽管技术进步使提高经济效率成为可能，但仍不能避免市场失灵问题的出现。平台的竞争很大程度上是用户的竞争，但不恰当运用技术或资本等要素的竞争方式，则违背了公平性原则。互联网平台逐利目的与自我约束之间的矛盾，意味着适当的市场监管极具必要性。

现有的关于双边市场的研究，解决了交叉网络外部性下最低网络规模的获取问题、"鸡蛋相生"的协调难题，以及多元化经营中对范围经济优势的获取问题等。国内外学者基本认同互联网平台扩大用户规模的行为和增加用户类别的跨市场竞争行为有利于竞争优势的形成，然而较少从用户规模竞争和用户类别竞争两个层面出发，整体而深入地探究平台用户竞争的机理以及平台竞争行为容易引起争议和反垄断指控的深层原因。同时，在平台经济快速发展的过程中，由于对各种新型的经济现象与问题的相关理论与制度准备稍显不足，市场监管机构对平台经济领域的规范和监督存在一定程度的缺失。基于此，本书结合用户规模和用户类别两个层面研究平台的用户竞争问题，以期推进双边市场相关理论的研究。

平台的用户通常涵盖了消费者和各类商品或服务的供应商。用户是互联网平台竞争优势的关键，可以细分为两个层面，一是用户数量增长形成的用户规模优势，二是平台由双边向多边转变形成的用户类别优势。互联网平台通过用户规模的扩大，能够实现用户优势在纵向上的深度拓展，进而以用户规模竞争优势维持现有市场中的市场势力；通过用户类别的增加，能够实现用户优势在横向上的广度延伸，进而以用户类别优势参与跨市场竞争，以在多个市场的利润最大化显著提升自身的竞争优势。因此，可以从用户规模竞争和用户类别竞争两个层面探究用户提升竞争优势的机理，并在此基础上剖析互联网平台用户规模竞争和用户类别竞争中易于产生争议和受到反垄断指控的原因。本书的研究旨在回答四个方面的问题：第一，平台厂商进行用户竞争的原因是什么？第二，平台用户规模竞争的动机和机理是什么？第三，平台用户类别竞争的动机和机理是什么？第四，限制平台厂商通过增加用户类别提高竞争优势的因素有哪些，平台在用户类别竞争中滥用市场势力是否与这些因素有关？

围绕以上四个问题，本书以对双边市场的特征和规律的剖析为切入点，针对网络平台经济中的反垄断争议和案例，结合用户规模和用户类别两个层面，从理论上研究平台用户竞争的原因和机理，探究互联网技术进步条件下平台典型的用户规模竞争方式对扩大用户规模的作用，剖析平台用户类别竞争的边界和限制性因素，探寻平台用户类别竞争中易于隐藏滥用市场势力行为的原因，并运用收集整理的相关数据进行实证分析，最后在理论与实证研究的基础上，对与平台用户规模竞争和用户类别竞争相关的案例进行分析和解读，以为平台经济的监管提供理论依据和参考。

第二节　研究目标与研究方法

一　研究目标

第一，明确用户在平台服务的生产过程和消费过程中的作用，揭示平台厂商进行用户竞争的原因。

第二，揭示平台用户规模竞争的动机和机理，明确"用户补贴""用户迁移""平台化"三种用户规模竞争方式对扩大用户规模的作用。

第三，揭示平台用户类别竞争的动机和机理，明晰交叉网络外部性对平台用户类别竞争的影响，明确平台用户类别竞争的限制性因素。

第四，揭示平台用户类别竞争中产生滥用市场势力行为的原因与实质，解释平台用户类别竞争中的不正当竞争行为具有隐蔽性的原因。

二 研究方法

本书主要的研究方法表现在以下几个方面。

（一）数学建模和数值模拟

在分析平台厂商的用户规模竞争时，通过构建数学模型来分析平台厂商用户规模竞争行为对用户数量和平台利润的影响，探究"用户补贴""用户迁移"和"平台化"对扩大用户规模的作用。在分析用户类别竞争时，通过构建数学模型探究平台厂商增加用户类别对增强其竞争优势的作用，以及探讨平台用户类别竞争中的限制因素。在符合基本假设的条件下，对模型均衡结果进行数值模拟，分析均衡结果在不同取值条件下的变化，以对结论进行更加直观的验证。

（二）实证分析

对收集到的案例数据进行描述性统计分析，在平台用户规模竞争的实证分析中，以 EViews 的 X-12 法对数据进行季度趋势调整，以剔除季度因素等的影响。运用 Stata 计量分析软件，采用协整检验、格兰杰因果检验、脉冲响应函数分析、方差分解等方法进行实证研究，以分析平台扩大用户规模时平台盈利能力的变化。在用户类别竞争的实证分析中，运用 Stata 软件并采用事件研究法对四个用户类别竞争的案例进行实证检验，以验证平台厂商增加用户类别对平台收益的影响。

（三）比较研究

结合用户规模竞争和用户类别竞争两个层面对平台用户竞争进行探究，在二者的比较中分析用户规模和用户类别优势对形成规模经济和范围经济优势的作用，明确两种类别的用户竞争间的区别与联系。此外，本书对互联网平台经济模式与传统经济模式进行对比分析，总结了平台的生产过程与消费过程只有在两边或多边用户同时参与下才能同时实现、协同发生的规律。在此基础上分析平台用户竞争中的规模经济和范围经济优势的来源，进一步明确平台厂商和单边厂商的区别。

（四）案例分析

为验证理论分析与实证研究所得到的结果，本书对相关典型案例进行分析和解读。在用户规模竞争方面，通过网约车平台的"用户补贴"、苹果公司在电子书市场的"用户迁移"、京东商城的"平台化"三个案例，对平台厂商扩大用户规模增强竞争优势的竞争方式进行分析；在用户类别竞争方面，通过支付宝跨界互联网金融市场、亚马逊转型为综合性电商平台、谷歌在跨界竞争中滥用市场势力三个案例，对平台厂商增加用户类别增强竞争优势的方式进行分析。

第三节　研究思路与主要内容

一　研究思路

本书以问题归纳、理论分析、实证研究、案例分析、提出对策为主要的研究步骤。第一，归纳总结用户在平台服务的生产过程和消费过程中的作用及特征，揭示平台用户竞争的原因；第二，针对研究的问题构建数学模型，并对模型结果的经济学含义进行理论分析；第三，通过可得数据对理论进行实证分析；第四，通过典型案例进行案例分析和解读；第五，综合分析研究结论并提出反垄断对策建议。研究思路如图1-1所示。

具体地，本书的研究思路可以阐释为：

第一，回顾有关双边市场的概念界定和分类、平台厂商市场势力的来源、平台用户规模竞争和平台用户类别竞争的相关文献，在梳理、总结和评述的基础上，定位本书对互联网平台竞争问题研究的起点。基于对交叉网络外部性的剖析，总结了平台的生产过程与消费过程只有在两边或多边用户同时参与下才能同时实现、协同发生的规律，归纳总结平台厂商进行用户竞争的原因，并确定了从用户规模和用户类别两个层面探究平台用户竞争的研究方向。

第二，从用户规模和用户类别两个层面分别构建数学模型进行理论分析。在平台用户规模竞争理论分析中，基于双边市场理论框架构

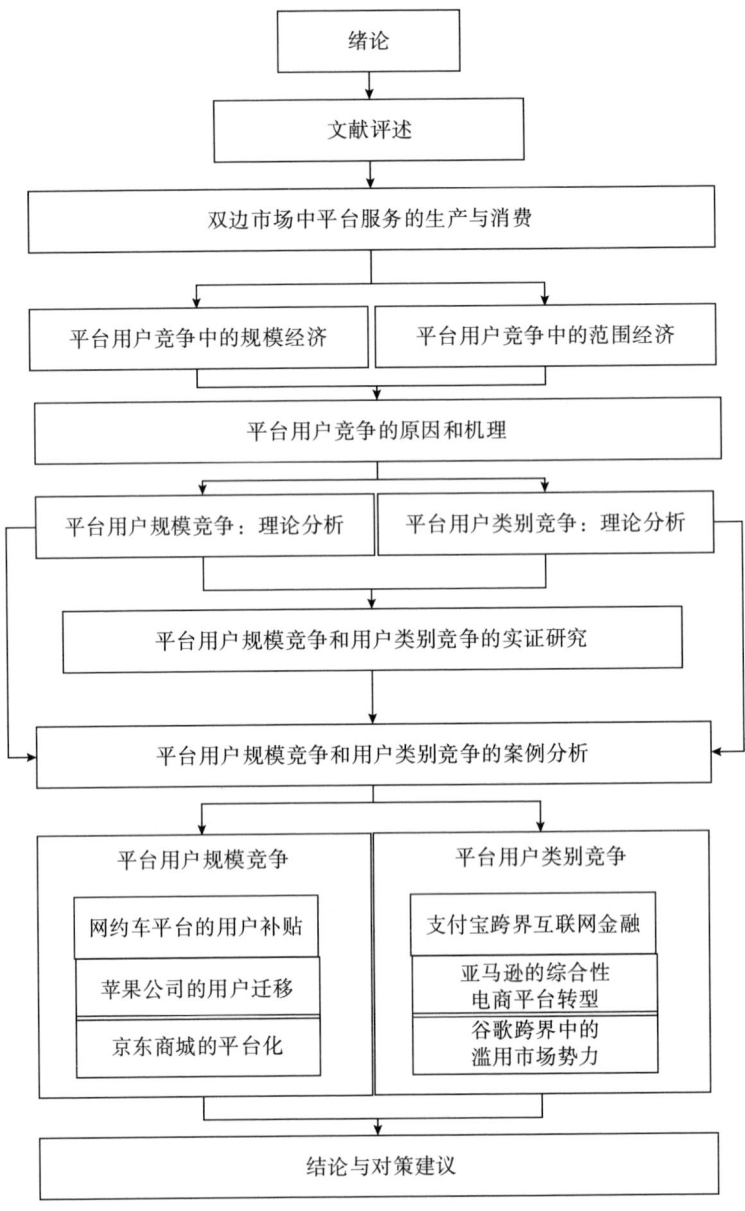

图 1-1 本书研究思路

建模型探究平台用户规模竞争的原因和机理，进而具体分析互联网平台的"用户补贴"、"用户迁移"、单边厂商"平台化"三种竞争方式对扩大用户规模的作用，并以"用户补贴"方式为例剖析平台厂商的竞争行为引起监管争议的原因。在平台用户类别竞争理论分析中，通过构建数学模型探究平台用户类别竞争的原因和机理，分析新增用户类别的交叉网络外部性和跨市场成本对平台用户类别竞争的影响，并剖析平台用户类别竞争中易于隐藏滥用市场势力行为的原因。

第三，对理论分析的有关结论进行实证研究，主要包括两个方面：在平台用户规模竞争方面，根据腾讯用户规模竞争的案例，通过协整检验、格兰杰因果检验、脉冲响应函数分析、方差分解等方法实证分析用户规模与平台盈利能力之间的关系；在平台用户类别竞争方面，根据"谷歌优兔""微软领英""网易考拉"和"网易云音乐"的案例，通过事件研究法实证分析平台用户类别竞争中的平台累积超额收益的变化。

第四，对典型案例进行分析和解读以佐证本书的结论，并通过对客观的经济现象的分析和探讨补充和丰富本书研究。用户规模竞争的案例包括：网约车平台的"用户补贴"、苹果公司在电子书市场的"用户迁移"和京东商城的"平台化"；用户类别竞争的案例包括：支付宝跨界互联网金融市场、亚马逊的综合性电商平台转型和谷歌因跨界竞争导致的反垄断诉讼。

第五，综合分析研究结论，给出相应的反垄断对策建议。

二 主要内容

本书共分为八章，各章的主要内容如下。

第一章，绪论，主要包括本书研究问题的提出、研究思路、研究的主要内容、各个章节的研究内容、研究方法、主要创新点和研究不足。

第二章，文献综述，主要包括双边市场的概念界定和分类、平台厂商市场势力的来源、平台用户规模竞争和平台用户类别竞争四个部分的相关研究。其中，平台用户规模竞争部分总结了双边市场的特性及平台用户规模竞争的具体方式的相关研究；用户类别竞争部分总结了其与产品多样化和产品多元化研究的区别以及与平台包络和杠杆效应研究的联系。

第三章，基于交叉网络外部性剖析了双边市场中平台服务的生产与消费之间的关系，总结了平台的生产过程与消费过程只有在两边或多边用户同时参与下才能同时实现、协同发生的规律，进而解释了平台用户竞争中的规模经济和范围经济的形成机制，由此揭示了平台用户竞争的深层原因。

第四章，在双边市场理论框架下构建理论模型，探究了平台用户规模竞争的原因、机理，进而分析了互联网平台的"用户补贴"、"用户迁移"、单边厂商"平台化"三种用户规模竞争方式对扩大用户规模的作用，剖析了平台用户规模竞争中引起反垄断争议的原因。

第五章，在双边市场理论框架下构建理论模型，探究了平台用户类别竞争的原因、机理，分析了新增用户类别的交叉网络外部性和跨市场成本对平台用户类别竞争的影响，剖析了平台用户类别竞争中易于隐藏滥用市场势力行为的原因。

第六章，根据前文的理论分析进行实证研究，包括两个方面：一是通过协整检验、格兰杰因果检验、脉冲响应函数分析、方差分解等方法，实证分析腾讯案例中用户规模与平台盈利能力之间的关系；二是通过事件研究法，对"谷歌优兔""微软领英""网易考拉"和"网易云音乐"案例中用户类别竞争的平台收益进行实证检验。

第七章，将平台用户规模竞争和用户类别竞争的研究结论运用到互联网平台的实践中，分析和解读与平台用户规模竞争和用户类别竞争相关的案例。平台用户规模竞争方面，包括网约车平台的"用户补贴"、苹果公司进入电子书市场的"用户迁移"以及京东商城的"平台化"三个案例；平台用户类别竞争方面，包括支付宝跨界互联网金融市场、亚马逊的综合性电商平台转型以及谷歌在跨界中的滥用市场势力三个案例。

第八章，全书结论和对策建议。本章主要对前文的基本结论进行总结，并基于这些结论提出有效的对策建议。

第四节　主要创新点与研究局限

一　主要创新点

本书可能的创新主要有以下三个方面。

第一，结合用户规模和用户类别两个层面探究了互联网平台用户竞争问题，揭示了用户规模竞争和用户类别竞争促进提升互联网平台竞争优势的机理。在双边市场理论的基础上，揭示了平台厂商扩大用户规模和增加用户类别能够在交叉网络外部性的作用下，以大规模匹配交易和跨市场的多边服务功能降低平台服务成本和用户的时间成本、选择成本，强化平台的用户规模优势和用户类别优势，从而形成基于用户的规模经济和范围经济的机理，进一步明确了用户对平台竞争的重要性。本书的研究在一定程度上细化了平台用户竞争机理的研究，有助于解释平台经济的运行规律。

第二，揭示了互联网平台"用户迁移""用户补贴""平台化"等典型用户竞争方式对扩大用户规模的作用机制；明确了交叉网络外部性及跨市场竞争成本对平台用户类别竞争的影响与限制。基于对用户规模竞争的研究，归纳提炼出"用户迁移""用户补贴""平台化"三种典型的互联网平台用户规模竞争方式，揭示了用户规模竞争方式促使平台快速形成最低网络规模和克服协调难题，进而形成用户规模优势的过程与机理。通过对用户类别竞争的理论研究和实证分析，发现平台新增用户类别的交叉网络外部性和跨市场竞争成本能够影响平台实行用户类别竞争策略后的收益水平，并限制用户类别竞争的空间与范围。新增用户类别的交叉网络外部性越强，越有利于平台形成较大的匹配交易量；跨市场竞争的成本越高，平台增加用户类别对平台利润的贡献越低，甚至无法弥补亏损。本书在一定程度上丰富了平台用户竞争方式的研究，为进一步探寻平台用户竞争规律提供了新的视角。

第三，从市场监管的角度，揭示了平台用户竞争中产生滥用市场势力行为的内在原因，提出了平台经济的审慎监管和适时控制相结合的监管思路。通过理论与案例分析，揭示了平台在用户类别竞争中通过滥用市场势力降低跨市场竞争成本，进而提高收益水平的内在机制，以及平台在用户规模竞争中通过滥用补贴等方式构筑进入壁垒实现独占市场，妨碍市场竞争与公平的机理。提出平台经济监管应遵循的原则或思路，一方面要发挥平台经济的效率优越性而审慎监管，保护市场竞争，避免过度干预；另一方面要对平台用户竞争行为持续跟踪关注，适时进行反垄断控制，以维护市场的公平。本书的研究对平台经济的监管具有一定的理论和现实价值。

二　研究局限

本书主要存在以下两个方面的不足之处。

第一，限于用户竞争本身的复杂性，本书对平台厂商用户竞争的分析通过用户规模竞争和用户类别竞争两方面展开，分别探究了用户规模竞争与用户类别竞争对用户和平台利润的影响，并在此基础上进行实证分析，辅以案例进行佐证，但总体而言，本书尚未就平台的用户竞争问题构建完整的理论体系。在未来研究中，可以不局限于用户规模和用户类别两个方面，尝试进一步丰富研究的视角，构建更加全面和细致的分析框架，对用户竞争进行更加深入的研究。

第二，受数据可得性的限制，本书在实证检验中所使用的数据因互联网公司上市时间较短而未获得时间区间较长的数据样本，不能构成信息量更大的数据，这可能会使实证结果存在一定程度的偏差，进而影响本书的研究结论。如果能够获取更长时间和更多厂商的数据量，将会显著提高本书实证结果的说服力。在未来研究中，可以进一步扩大研究样本的种类，通过多种数据抓取工具抓取更多有关用户数量和用户类别的数据，同时丰富实证研究的方法，提高实证分析结果的可信度。

第二章 文献综述

本章对与本书研究主题相关的文献进行了系统梳理、评述和总结，包括双边市场概念界定与分类、平台厂商市场势力的影响因素、平台用户规模竞争和平台用户类别竞争四个方面。

第一节 双边市场概念界定与分类

双边市场研究是网络产业问题的延伸，近年来逐渐成为产业经济学领域的重点内容（黄纯纯，2011）。本书对平台厂商用户竞争的研究正是在双边市场理论的基本框架下展开的，因此要对双边市场的概念、分类等基础理论进行梳理、总结和回顾，为平台用户规模竞争和平台用户类别竞争的研究奠定理论基础。

对双边市场理论的深入研究需首先对双边市场进行明确的定义，而这离不开对双边市场特征的探讨，有学者分别从非对称定价结构和交叉网络外部性等角度出发对双边市场的概念界定进行讨论。Rochet 和 Tirole（2003）认为平台的交易量要受平台定价结构的影响，即平台的总交易量既与价格总水平有关，也与两边的定价差异有关。平台就是在保持总价格水平不变的情况下，通过对两边实行非对称的定价从而实现总交易量的变化，这是判定双边市场的重要标准。Armstrong（2006）认为平台中一边用户获得的效用水平与另一边用户的数量密切相关，一边用户参与数量越多则越会提高另一边用户的效用水平，这将促使该边的用户数量增加，且又会反过来促进另一边用户效用水平的提高，该特性即平台的交叉网络外部性，应作为判定双边市场的核心标准之一。Evans（2003）认为双边市场应该符合三种特征，即平台拥有两边及两边以上的用户类型、具有网络外部性、平台能够完成网络外部性的内部化工作。胥莉和陈宏民（2007）通过对双边市场的定价研究，认为双边市场存在三个特征：平台存在双边或多边用户、各边用户之间存在交叉网络外部性以及平台实行非对称式定价。但学术界对双边市场的定义仍存在一定争议，Rysman（2007）认为平台的两边用户仅仅是"双边策略"下的产物，而不应将其归属为一种市场类型。Luchetta（2012）认为对双边市场的经典定义不足以反映该种经济模式的全部特点，容易造成包容过度或包容不足问题。

尽管存在一定争议，双边市场存在非对称式的定价结构和交叉网络外部性等特征的观点得到了学术界较为普遍的认可，逐渐融合发展了非对称定价结构学说和交叉网络外部性学说。Roson（2005）认为交叉网络外部性和非对称定价均是双边市场的特征，平台两边用户均会受到交叉网络外部性的影响，平台中的交易量会受到非对称式定价结构的影响。Weyl（2010）、White和Weyl（2010）提出了"隔离均衡"的概念，认为Rochet和Tirole（2003）、Armstrong（2006）所构建的理论模型是隔离均衡模型中的一个特例，即平台厂商对不同边的用户会提供不同的产品或服务，因此不同边的用户具有不同的需求弹性。平台厂商要对不同边的用户制定不同的价格，同时也要对同边用户中不同类别的用户征收不同的价格，即进行价格歧视，以此来保证平台厂商的用户规模和交易量的扩大。基于此，White等学者在Rochet和Tirole（2003）、Armstrong（2006）的基础上构建了更具一般化的分析框架，对衡量厂商的市场势力、判定厂商的兼并策略等方面有一定的启发性。

随着平台经济的不断发展，如何对双边市场进行分类成为平台经济模式研究的基础，部分学者的研究为双边市场的分类方式奠定了重要基础。Evans（2003）将双边市场分为市场创造型、受众创造型和需求协调型平台三类，市场创造型平台是指方便用户交易、提高两边用户的匹配效率和匹配成功可能性的平台类型，例如电子商务平台、房屋中介平台、婚姻中介平台、网络招聘平台等；受众创造型平台指平台的主要职能是吸引大量的消费者、读者、观众等，当平台的用户规模足够大时，平台就可以吸引大量的广告商和内容提供商，如门户网站等；需求协调型平台指平台的主要职能是连接两边的用户，满足两边用户相互的需求，如银行卡操作系统、电脑操作系统、移动网络平台等。Filistrucchi等（2010，2014）按照两边用户是否交易将平台区分为交易型平台和非交易型平台，交易型平台是指平台两边用户之间存在交易的平台，非交易型平台为两边用户之间不存在交易的平台。这种分类方式对后续学者进行双边市场的相关市场界定具有一定的启发性，这意味着两边用户存在交易的平台可以归为一个市场中，而对于两边用户不存在交易的平台则需要划分为两个市场。此外，Rochet和Tirole（2003）将双边市场区分为简单的双边市场和复杂的双边市场，用户种类低于三类归属的为简单的双边市场，用户种类大于三类归属的为复杂的双边市场。Kaiser和Wright（2006）将平台分为四类，即目录服务、匹配交易、广告媒体、中间媒介平台。

学者对双边市场的概念、分类等理论研究的不断丰富，为双边市场理论研究的深化奠定了重要基础。本书对平台的用户规模竞争、用户类别竞争的研究就是在双边市场理论框架之下展开的，以期为双边市场理论研究作出有益的补充。

第二节 平台厂商市场势力的影响因素

市场势力理论与本书探究的双边市场用户规模竞争和用户类别竞争问题关联较为紧密。分析市场势力与用户因素的关系能够更加清晰地描述平台市场势力的来源，明确单边厂商和平台厂商市场势力来源的区别，从而深化本书对用户因素对平台竞争影响的研究。市场势力的研究是产业组织理论研究的重要组成部分，是对反垄断等问题进行研究的基础。在对市场势力概念的界定上，较为普遍的是将市场势力定义为厂商影响其他市场参与者价格的能力，以及厂商将价格维持在边际成本之上并获得超额利润的能力（Brandow，1969）。从早期的哈佛学派到芝加哥学派，再到后期的新实证产业组织理论（NEIO），关于市场势力的研究在深度和广度上不断深化和拓展。

研究平台厂商市场势力问题离不开对单边厂商市场势力来源研究的梳理，在对二者的对比中可以归纳出单边市场与双边市场势力来源的异同。Bain（1956）指出厂商的市场势力主要来源于资本需要量、最低成本控制、产品差异化和规模经济等，为市场势力来源的研究框定了基本的范围。市场中具有强市场势力的厂商通常都能够获得一定程度的市场控制力，这种市场控制力是厂商通过新产品的开发所形成的产品差异以及规模经济下资本需要量、销售等方面的成本控制而形成的，厂商可以凭借这种能力实现利润最大化（杨晓玲，2005）。在产品差异化方面，产品之间的差异会不同程度地降低厂商之间价格竞争的激烈程度，包括产品垂直差异化与水平差异化，两种差异化均有利于增强厂商的竞争优势，获取较高的利润并在此基础上形成或扩大市场势力（Duetsch，1975；Acs and Audretsch，1989）。在其他条件不变的条件下，当产品的差异化程度越大，厂商的竞争优势就会越显著，获利能力就会越高，这越有利于厂商巩固市场地位，甚至促使厂商因此形成较强的市场势力（芮明杰和李想，2007；周末和王璐，2012）。在规模经济方面，厂商的规模经济优势越大时，厂商的生产成本相比竞争对手就更具优势，这有利于厂商盈利水平的提升和市场势力的形成和扩大（Schwalbach，1987；Shapiro and Khemani，1987；Mayer and Chappell，1992）。在资本需要量方面，行业的资本需要量较大时，一定程度上可以形成进入壁垒，具有提高进入难度的作用，因此较大的资本需要量能够赋予在位者较强的市场势力（Acs and Audretsch，1989）。通过总结前人研究可知，厂商在资本需要量、最低成本控制、产品差异化和规模经济等方面具备优势时有利于增强市场势力，同时这些因素呈现出与产品或成本因素有关的特点。

与单边厂商不同的是，平台厂商不只服务于一边用户，而是服务于两边甚至多边用户。平台充当各边用户的中间媒介，促成各边用户的交易，使获取用户成为平台竞争的焦点，尤其在促使用户规模超越关键性边界形成最低网络规模（Caillaud and Jullien，2003）、获取正反馈的网络效应获得网络规模的快速自我扩张和盈利方面（Evans，2013）。若无法获取足够大的用户规模并寻求进一步扩张，则平台厂商就无法形成较强的盈利能力，最终仅有的用户规模也会在交叉网络外部性的作用下流失（Evans and Schmalensee，2010，2013）。这在后续的研究中多有体现，如 Filistrucchi 等（2014）认为对平台厂商市场势力的估算要根据双边市场的用户特性进行改进，直接使用传统估算方法有可能产生估算偏差。曲创和朱兴珍（2015）在对银联身份变迁的研究中发现决定平台厂商生存能力的是对用户的获取，用户数量是市场势力的来源，这是平台厂商与传统厂商在竞争策略上的本质区别。冯然（2017）认为当平台的用户数量达到一定规模时会在效用最大化的驱使下产生锁定效应，而用户转换平台意味着成本的提高。总结这些研究可以发现，在产品或成本因素之外，用户因素会显著影响平台厂商市场势力的形成（曲振涛等，2010）；用户规模是平台厂商盈利的基础，平台厂商的用户规模优势越大越有利于平台厂商收益的提高，进而有利于平台厂商形成较强的市场势力（Evans and Noel，2005，2008）。

在平台厂商市场势力来源的研究中，除用户因素之外，交叉网络外部性亦是平台厂商市场势力的重要来源（曲振涛等，2010）。用户之间交叉网络外部性越强，意味着一边增加一单位用户就可以对另一边用户形成越大的效用增益，进而有利于用户规模的扩大和平台厂商市场势力的增强。在交叉网络外部性的作用下，平台厂商对任何一边用户实行微小的价格下降都会有助于增加各边用户的需求，进而获得各边用户数量的增加，从而有利于平台厂商竞争优势的提升（Hagiu and Halaburda，2014）。但与此同时，交叉网络外部性的存在将会限制平台厂商运用自身的市场势力对任何一边用户进行价格加成的能力。平台厂商对任何一边用户的提价行为，在交叉网络外部性的作用下都会引起用户规模的缩小，从而使平台厂商想从任何一边用户中获取超额利润的策略最终失败（Armstrong，2006；岳中刚，2006）。

双边市场中最低网络规模和交叉网络外部性等特性的存在，使平台厂商的市场势力不仅受到产品或成本因素的影响，还更显著地受到用户因素的影响。平台厂商的用户规模直接关系到能否在竞争中立足并占据优势。因此，用户因素成为平台厂商和单边厂商在市场势力形成中的重要区别。

第三节　平台用户规模竞争

本节主要从平台用户规模与双边市场的特性的关联和平台用户规模竞争的具体方式两个方面对前人的研究进行系统梳理。

一　用户规模竞争与双边市场特性

平台厂商进行用户规模竞争与双边市场最低网络规模、交叉网络外部性等特性密切相关。平台两边的用户数量超越关键性边界形成最低网络规模是平台厂商得以生存及进一步提升竞争优势的基础与前提（Evans，2013）。若平台厂商无法达到最低网络规模，其现有的用户规模在交叉网络外部性的作用下也会不断缩减，最终导致平台退出市场（Evans and Schmalensee，2010，2013）。双边市场中最低网络规模的特性使用户规模较大的平台具有明显的竞争优势，而用户规模较小的平台在竞争中则会处于劣势（骆品亮等，2010）。双边市场中最低网络规模如同一堵"墙"（Evans，2013），平台厂商的用户规模越大越有利于冲破该堵"墙"，而一旦越过此墙就可以获得用户规模的"自增长"，从而促进平台厂商实现"赢者通吃"（张小宁，2014）。用户规模是平台厂商获得利润的基础或资本（李允尧等，2013），是平台厂商市场势力的重要来源（曲振涛等，2010）。平台厂商的用户规模越大，平台厂商对利润来源边用户的价值就越大，对各类商户的谈判势力也越大，这赋予平台厂商提高盈利水平的能力，而盈利能力的提升又会促进形成更大的市场势力（曲创、朱兴珍，2015）。

平台厂商的用户规模优势还直接决定了平台厂商向其他领域扩张的能力。平台厂商通过既有用户规模能够迅速扩大产品或服务的应用范围，加速平台内产品或服务的商业化（徐骏、苏银珊，2012），能促使平台在市场之间实现用户规模优势的传递（Amelio and Jullien，2012），从而使平台厂商具备横向或纵向扩张的能力。在用户规模优势下，平台厂商的横向或纵向扩张可以利用已有的用户规模优势，而无须从零开始积累用户，这使平台厂商的横向或纵向扩张的阻力大大降低。与此同时，平台厂商的用户规模优势可以形成对目标市场的网络外部性，平台厂商的各个市场之间的网络外部性强度越强，平台厂商的定价能力就会越强（吴绪亮、刘雅甜，2017）。从对最低网络规模的分析中可以看出，最低网络规模的形成以及用户规模的进一步扩张是平台厂商增强竞争优势的关键（周德良，2017）。

在最低网络规模因素之外，交叉网络外部性也是平台用户规模竞争的重要原因。交叉网络外部性是双边市场相对于传统单边市场最为重要的区别，凸显出平台中用户数量变化与用户效用水平之间的关系（Evans，2003；Armstrong，2006；Rysman，2004，2009；Argentesi and Filistrucchi，2007）。平台一边用户数量增加会影响另一边用户的效用水平，如平台的内容提供商越多、提供的内容越丰富，平台用户的需求越能得到更好的满足，用户的效用水平就越高，平台用户之间存在正的交叉网络外部性；平台的广告商越多，投放的广告数量越多，用户对平台的参与意愿越低，用户的效用水平越低，平台用户之间存在负的交叉网络外部性。若平台的用户规模得以形成并足以超过关键性边界，在交叉网络外部性作用下平台厂商可以获得正反馈的网络效应进入"自增长"阶段从而获得用户规模的扩张，这使平台厂商能够顺利解决"鸡蛋相生"的协调难题（Cailaud and Jullien，2003）。若平台厂商现有的用户规模不足以超过关键性边界，难以形成最低网络规模，平台厂商就无法获得正反馈的网络效应，在交叉网络外部性的作用下平台仅有的用户规模也会缩小，最终用户将流失殆尽。在市场进入方面，在位平台的强交叉网络外部性往往会加大进入者获取用户的难度，这直接导致进入者难以形成最低网络规模和获得正反馈的网络效应，"鸡蛋相生"的协调难题也就难以解决（郭水文、肖文静，2011；王磊、张昕竹，2012）。

基于交叉网络外部性，平台厂商通常对交叉网络外部性较强的一边用户收取较低的费用,而对交叉网络外部性较弱的一边用户收取较高的费用,目的就是通过非对称式的定价结构争取更多的用户,尽快形成最低网络规模和获取正反馈的网络效应,促进平台厂商形成更显著的用户规模竞争优势(Armstrong,2006;Rochet and Tirole,2003,2006;White and Weyl,2010)。也有研究认为平台定价并非全然同交叉网络外部性呈负相关关系,也存在呈现正相关关系的情形,即平台对交叉网络外部性较强的一边用户收取较高的费用,如孙武军和陆璐(2013)在Rochet和Tirole(2003)模型的基础上对平台定价行为的研究中认为在电脑操作系统平台中,消费者一边的交叉网络外部性越较强,平台厂商越会对消费者征收高价。这都是平台厂商通过定价结构的调整以扩大用户规模的具体方式。

二 平台用户规模竞争的具体方式

平台厂商在扩大用户规模方面比较典型的竞争方式有兼容、技术标准的竞争与扩散、纵向一体化、搭售、补贴等。

在兼容策略方面,产品之间的兼容可以使厂商接触更多的用户,有利于网络规模的扩大和用户效用水平的提高(Economides,1996),消费者也可以从产品兼容中获取更大的便利性(胥莉等,2006;牛慕鸿,2010)。对于进入者而言,与在位者兼容可以获得在位者用户规模的"红利",降低获取用户并实现最低网络规模的难度,有利于克服进入过程中的协调难题,顺利实现市场的进入。在位者选择拒绝兼容时,进入者获取用户的难度将会提升。拒绝兼容的策略事实上有利于在位者对自身市场地位的维持和保护,微软在操作系统的非兼容策略即是如此(Economides,1991;Woroch et al.,1998)。此外,当各平台之间的用户网络存在一定程度的重叠和关联时,谋求开放兼容策略有利于促进各平台用户规模的扩张(司马红和程华,2012)。

在技术标准的竞争与扩散方面,因网络效应可以产生"冒尖"(Tip-ping)效应,即当厂商拥有技术标准时,即使只是微小的技术标准,也可以在网络效应的作用下被不断放大,加之网络效应下技术标准能够产生锁定效应,进而形成路径依赖,因此竞争者一旦掌握了某项技术标准,就可以在正反馈效应下快速锁定市场(Lock-in)

(Katz and Shapiro，1985；Arthur，1989）。平台厂商掌握技术标准有利于在网络效应下获取正反馈效应形成用户规模竞争优势，进而提高平台盈利能力。平台厂商锁定技术标准具有阻止进入者进入市场和保护其自身市场地位的作用。对进入者而言，若其产品或服务能够成为行业内的技术标准，进入者就可以在网络外部性的作用下获得较大的用户规模，从而大大降低市场进入难度，若此时在位者利用技术标准阻碍市场进入，则进入者的进入难度将会大大提升（司马红、程华，2012；杨蕙馨等，2014）。

在纵向一体化方面，平台厂商实行纵向一体化有助于获取两个市场的用户优势（Economides and Katsamakas，2006）。在纵向一体化的过程中，平台厂商在一个市场中的用户优势可以传递到另一个市场，形成市场之间的网络外部性（吴绪亮、刘雅甜，2017）。市场之间的网络外部性强度越大，越有利于两个市场中用户效用水平的提升，从而进一步促进用户规模的壮大，增强用户规模竞争优势。在位者通过纵向一体化有利于统一产品或服务的技术标准，降低成本和提高平台服务效率，促进网络外部性的内部化，实现平台厂商市场份额的扩大和竞争优势的提升以及提高进入者的进入难度，形成策略性进入壁垒（程贵孙等，2005；王小芳、纪汉霖，2011）。

在搭售策略方面，平台厂商通过搭售策略可以在杠杆效应下将其在一个市场的市场势力传递到另一个市场，从而实现用户规模竞争优势的传递。在位平台可以利用搭售策略提高进入者获取用户的难度（Whinston，1990），使进入者难以解决"鸡蛋相生"的协调难题，从而起到阻挡进入的作用（顾成彦、胡汉辉，2008；Choi，2010；张凯、李向阳，2010；Amelio and Jullien，2012；曲创、刘伟伟，2017）。

互联网的发展一定程度上促使传统厂商向平台型厂商靠拢（肖兴志、吴绪亮，2012），推动了传统产业的进化与发展（于左、韩超，2014），使单边厂商出现"平台化"趋势并发展出保留自营业务和不保留自营业务两种情形。平台自营基于平台厂商先前所从事的单边业务，无论是产品前期的采购、仓储、物流，还是后期的营销与配送，全部由平台厂商自身把控，整个过程几乎为封闭式，中途无须其他人参与（陈硕颖、黄爱妹，2018）。供应商则与自营不同，完全拥有产品的所有权，自行负责产品的采购、仓储、物流、营销与配送环节，通过平台厂商所提供的中间媒介服务与消费者达成交易（陈立平，2011）。单边平台在平台化过程中是否会保留自营受到多个因素的影响，如运营成本、产品差异化程度、产品种类、质量水平等（桂云苗等，2018）。单边厂商平台化过程涉及整个生产流程的调整和需求信息获取方式的变革，以及整个盈利模式的创新，若单边厂商无法承受该过程中一系列变革所带来的成本压力，则极有可能陷入"转型陷阱"（张艳辉，2018）。

平台厂商通过补贴有利于吸引用户、培育用户基础（岳中刚，2006），有助于降低行业内垄断的程度（程贵孙，2006）。补贴策略是平台发展初期获取用户的促销手段之一，有利于提高市场竞争程度，激发行业的竞争活力（孙宝文等，2017；于浩森，2017）。从该角度而言，补贴策略不应当受到过多的反垄断干预（程贵孙等，2006；程华，2014；张昕竹等，2016）。但当平台两边用户达到一定规模时，补贴就不应该继续成为主要的竞争策略（王昭慧、忻展红，2010；陈明艺、李娜，2017）。平台厂商为独占市场份额进而获取垄断地位而实行"烧钱"式的大额补贴策略，其通过资本市场、风险投资进行融资，极可能在市场结构趋于集中后提高价格以反哺资本，这从社会福利、风险控制和产业转型角度都有一定的危害性，需要政府适时进行规制（甄艺凯，2017；杜传忠、刘志鹏，2017）。

第四节　平台用户类别竞争

平台厂商增加用户类别形成用户类别优势也是重要的平台竞争方式。事实上，平台厂商增加用户类别的过程也是进入新市场并参与竞争的过程。本书关于平台用户类别竞争的研究与产品多样化和产品多元化、平台包络和杠杆效应相关，本部分对相关的研究进行分类梳理。

一 产品多样化和产品多元化

厂商的多样化策略，即通过满足用户的多样化需求以提高销量进而提高利润水平是厂商较为普遍的发展策略之一，主要包括产品多样化（Product Variety）和产品多元化（Product Diversification）两个方面。产品多样化是指厂商产品线的扩张，是厂商进行跨行业、跨领域创造新价值的活动（Su and Tsang, 2015）。本书研究的用户类别竞争是指平台厂商通过增加用户类别丰富了平台的服务内容，扩大了服务范围，进而使平台由原来的双边平台转变为多边平台，而并非产品线的简单扩张，这与产品多样化存在显著不同。

平台厂商增加用户类别涉足多个领域，类似于传统经济领域中的产品多元化竞争的现象（陈禹等，2018）。传统经济中厂商的多元化竞争策略有助于厂商充分利用各项资源和生产要素，降低交易成本和产品的生产成本（Geringer et al., 2000），形成对资源和要素配置的帕累托改进，获得范围经济效应（Penrose, 1995），增加盈利渠道，还能在一定程度上分散竞争风险（Levy and Sarnat, 1970）。但厂商进入新领域并参与竞争可能会加大自身的经营风险，显著提升厂商在不同行业的协调成本，降低范围经济效应（Baysinger and Hoskisson, 1989），弱化厂商的竞争优势。因此，多元化竞争策略有利也有弊，这是传统经济中厂商在实行多元化竞争策略时慎之又慎的重要原因。在平台经济中，平台厂商利用和分享基础资源寻求用户类别的增加可以进入看似毫无关联的市场（Eisenmann et al., 2011），以多元化经营扩大自身的竞争优势，从该角度而言，平台用户类别竞争与产品多元化经营相类似。

平台用户类别竞争与传统多元化竞争也存在显著的不同之处。平台厂商可以根据自身的布局和规划跨入与核心业务并不相关的领域，而传统经济的多元化往往选择存在一定产品关联性的市场（陈禹等，2018）。互联网技术的发展使平台可以在不同的领域共用如算法、数据分析、流量等关键性生产要素，能够实现对用户资源的重新利用和整合，用户规模在交叉网络外部性的作用下得以进一步扩大，从而使平台中提供的多样化产品或服务的成本低于分别提供的成本总和，获得基于用户的范围经济优势，因此互联网平台可以跨入与核心业务并不相关的领域，但传统经济的多元化往往选择产品之间存在关联性的市场。平台厂商增加用户类别可以促进自身的演化，即由双边平台转变为多边平台，平台在多边用户之间的媒介匹配下获取更大的交易量，而传统经济显然不具备这一特点。从以上分析来看，平台多元化经营的着眼点并不是单纯的产品或服务，而是用户（冯文娜，2019）。同时，互联网与大数据技术的应用和普及也促进了多元化经营的发生，强劲的竞争对手可能出自任何领域，但同时也应该看到，当平台厂商不具备较好的多元化经营时机和布局规划时，即使实力雄厚，其在新领域也未必能形成较强的竞争优势（方燕等，2018）。

平台厂商增加用户类别的过程能够使平台厂商跨越不同的领域和行业并在其中创造新价值（罗珉、李亮宇，2015）。平台厂商基于已有用户规模增加用户类别丰富产品或服务内容形成多边平台的行为，可以归属为平台厂商的横向拓展策略（Hagiu，2009）。横向拓展使平台厂商实现了对多个市场的进入，并在跨越不同市场的过程中逐渐增强自身的范围经济和规模经济优势。互联网技术和数字化技术的发展使平台在用户类别竞争中范围经济的效果能够更加充分显现（戚聿东、蔡呈伟，2019）。关键的生产要素，如大数据、用户规模等能够被多个用户类别共享（陈禹等，2018），使平台厂商提供的多样化产品或服务的成本低于分别提供的成本总和（荆文君、孙宝文，2019），由此能够获得范围经济优势。

得益于互联网技术的进步，平台厂商在组织边界和技术边界中的跨越（Rosenkopf and Nerkar，2001）逐渐转变为在产业边界和知识边界上的跨越（Hansen and Siew，2015；Kodama and Shibata，2016），这使互联网时代的平台厂商通过用户类别竞争而形成的跨界与传统意义上的产品多样化有着本质的区别。传统意义上的产品多样化仅仅指产品种类或生产线的增加，而平台跨界则是平台厂商在不同的产业或市场以媒介的形式向两边用户提供产品或服务，通过用户类别的增加实现对新市场的进入，或者使传统产业与互联网技术融合，从而以跨界竞争的形式为消费者创造新的价值，促进产业实现升级的活动。

二 平台包络和杠杆效应

平台厂商在增加用户类别的过程中将其他领域囊括进来，作为用户类别之间的协调者和媒介者对用户资源进行整合，从而实现用户类别之间的需求协调，并在交叉网络外部性下获得消费者效用水平的提高，最终提升消费者对平台的参与意愿。就该视角而言，平台厂商增加用户类别与平台包络（Platform Envelopment）有相似之处。平台包络即平台厂商利用和分享平台的基础资源进入相邻的甚至是看似毫无关联的新市场（Eisenmann et al.，2011）。平台包络是有效的市场进入和竞争方式，通常可以划分为纵向和横向两类：纵向包络指将平台的互补品或供应商纳入平台，横向包络指基于共同的用户基础向其他市场的包络（蔡宁等，2015）。在产业融合的背景下，平台厂商基于现有的用户规模寻求用户类别的增加从而进入毫不相关的市场是平台包络的关键。平台包络本质上是平台厂商基于用户的"延伸拓展"（肖红军，2017）。平台厂商基于已有的用户规模，通过向其他市场包络并开发新服务促进了平台服务内容的增加（万兴、杨晶，2015），使平台在交叉网络外部性下获取正反馈的网络效应并促使用户规模得到新一轮扩张。平台包络过程中所增加的用户类别有利于加强各个用户类别相互之间的关系强度，促使形成了更强的网络效应。用户类别的增加赋予了平台厂商提高收益的能力，这使平台厂商形成更强的竞争优势（张小宁，2014）。在市场竞争从单一产品竞争转型为系统之间竞争的形势下，平台厂商增加用户类别有利于增强用户的黏性，提高用户的转换成本，当用户规模和网络效应的强度跨越临界点时将有利于形成"赢者通吃"、强者更强的态势（Gawer and Cusumano，2002；Gawer，2009），促进平台厂商维持优势地位（蔡宁等，2015；王节祥和蔡宁，2018）。在具体案例研究中，如微软公司（Microsoft）通过平台包络策略，将自身免费提供的媒体播放器绑定在操作系统中，为消费者提供了更加便捷的服务，这使原来占据90%市场份额的Real Networks公司的市场占有率大大降低（Eisenmann et al.，2011）。

平台厂商在包络过程中容易在杠杆效应（Leverage Effects）的作用下利用一个市场的垄断势力来获取另一个市场的垄断势力。当平台厂商在市场中拥有垄断势力，且存在捆绑搭售、排他性交易、掠夺性定价等行为时（Daniel，1998），反垄断机构通常会认定厂商不正当地将垄断势力延伸到了另一个市场，除非平台厂商能够证明自身在现有市场不具有垄断势力，否则平台厂商将无法获得反垄断法的豁免（Daniel，1998；李剑，2007；顾成彦、胡汉辉，2008）。欧洲、美国的反垄断机构曾广泛运用杠杆效应来判断厂商在跨界过程中是否存在反竞争行为，如美国对微软公司基于Windows操作系统进入浏览器市场的反垄断调查、欧盟对微软公司基于Windows操作系统进入播放器市场的反垄断调查等。

随着我国平台经济的快速发展，平台厂商参与跨市场之间竞争的现象日益普遍，如支付宝基于其大量的用户规模推出余额宝成功跨界互联网金融。不仅如此，支付宝还搭载了生活缴费、共享单车、医疗服务等服务，深度挖掘用户资源优势（罗珉、杜华勇，2018）。滴滴出行基于出行市场的用户优势进入外卖市场，而原先专注于外卖业务的美团则悄然进入了出行市场（陈禹等，2018）。不难发现，互联网平台正在根据自身的用户优势展开"相互进入"的态势。

平台用户类别竞争显著区别于产品多样化，但与产品多元化竞争和平台包络有相似之处。平台增加用户类别有利于形成规模经济效应和范围经济效应，同时，平台厂商在此过程中利用杠杆效应的行为存在诸多争议，需要对平台厂商的用户类别竞争进行深入的探究。

第五节　本章小结

本章通过梳理平台用户竞争相关的理论与实证研究，发现平台用户竞争研究尚有较大的延伸和拓展的空间。在平台用户规模竞争方面，现有研究主要关注双边市场交叉网络外部性等重要特征之下的最低网络规模的获取、"鸡蛋相生"协调难题的解决，以及通过兼容、技术标准的竞争与扩散等方式获取用户数量；在用户类别竞争方面，主要关注平台厂商在产品多元化、多样化以及平台包络过程中进入多个市场，开发用户价值。综合来看，国内外学者基本认同平台厂商扩大用户规模和增加用户类别有助于提升平台竞争优势的观点。但是，对平台用户竞争中的一些问题的研究尚不够深入，如涵盖用户规模和用户类别两个层面的用户竞争为何成为平台获取竞争优势的方向和关键，平台厂商结合用户规模和用户类别两个层面的竞争为何能够显著提升竞争优势，而这种显著的竞争优势又是否"坚不可摧"？是否会受到制约因素的影响并存在边界与捷径？现有研究为对以上问题的进一步探索奠定了基础，但并没有给出明确答案。

此外，随着平台经济的发展，平台用户竞争现象趋于多元化，其中的反垄断问题逐渐成为研究热点。具有用户规模优势的平台会占据市场的主导地位，形成"一家独大"的市场格局，而基于利润最大化原则，平台有动机扭曲用户规模竞争和用户类别竞争，使平台"垄断"争议不断出现。平台厂商扭曲用户规模竞争和用户类别竞争的经济学基础是什么？是否与两个层面的用户竞争方式有关？这些问题关系到互联网经济时代监管部门对平台型企业监管思路的转变、监管效率的提高与监管质量的改进。

基于此，本书在前人研究的基础上，对平台用户规模竞争和用户类别竞争进行更加深入的分析，探究用户规模和用户类别对平台厂商竞争优势的作用机理，考察平台用户规模和用户类别竞争的限制因素，并具体分析引起反垄断争议或诉讼的平台用户规模和用户类别竞争的行为，以期为平台经济领域产业政策与竞争政策的制定提供一定参考。

第三章　平台生产与消费的同一化和用户竞争

传统经济理论在供需视角下将经济主体归结为生产者和消费者两个部分，而平台将具有不同类型需求的用户衔接在一起，形成特定的匹配或交易的模式，在交叉网络外部性的作用下，平台服务的生产与消费过程呈现出独特的规律。本章基于交叉网络外部性的特征和各类平台的基本事实，对平台经济中的生产与消费主体的特征以及两者之间的关系进行剖析、提炼和总结，进而揭示平台进行用户竞争的原因，探究平台用户竞争与生产和消费之间规律的关联。

本章的结构安排如下：第一节，从平台服务的生产与消费的关系角度剖析平台经济的运行规律，并对市场创造型、受众创造型和需求协调型三类平台的生产与消费的规律进行逐一分析；第二节，分析平台用户竞争中的规模经济；第三节，分析平台用户竞争中的范围经济；第四节，总结平台厂商进行用户竞争的原因及其与生产和消费的规律的关系。

第一节　平台生产与消费的同一化

平台服务的生产与消费的同一化，是指用户的参与使平台服务的生产过程和消费过程同时实现、协同发生，平台中任何一边用户的缺失都会使平台丧失待匹配的资源，使平台失去用以媒介匹配的生产要素提供者和最终消费者，使平台厂商无从获得平台服务的生产过程和消费过程，最终，平台无法发挥媒介匹配的功能，也就失去了盈利的能力。平台服务的生产与消费的同一化的根源在于平台各边用户之间的交叉网络外部性。交叉网络外部性所体现的是平台一边的用户数量与另一边的用户效用水平之间的关系（Armstrong，2006），即一边用户数量的增加可以促进另一边用户效用水平的提升。当一边用户参与平台并对平台服务提出需求时，该边用户成为平台服务的消费者，此时平台厂商将该边用户的需求信息经过整合处理后逐渐转化为面向另一边用户的平台服务产品。显然，平台一边用户的需求成为平台向另一边用户提供服务产品的核心要素。如图3-1所示，当用户1参与平台时，平台厂商作为中间媒介就具备了向用户2提供服务的资源和必备基础。在交叉网络外部性的作用下，用户1数量越多，用户2就能够在平台中获得更大的选择范围，用户2在平台的中间媒介作用下越能够更好地被满足需求，从而获得更高的效用水平，所以用户2对平台的参与以及效用的获得实质所体现的即是平台服务的消费过程。反过来，用户2对平台的参与使平台厂商作为中间媒介具备了用以衔接或匹配用户1的核心要素，因此用户2的参与体现了平台对用户1所提供服务的生产过程的实现。在整个平台的匹配交易过程中，两边用户的共同参与使平台服务的生产过程和消费过程同时进行、相互融合、难以分离，使平台经济具备了生产与消费同一化的特征。

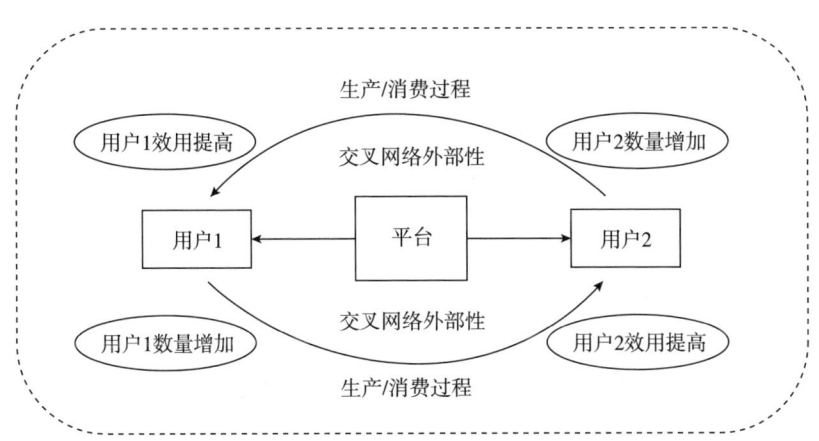

图3-1　平台服务的生产与消费的同一化

资料来源：笔者自制。

在信息技术进步的背景下，互联网平台集成了信息搜寻、供需匹配、交易促成等职能，能够压缩经济活动链条和降低整体交易成本，使互联网平台的生产与消费同一化的特征更加显著。通过对比可以发现，传统经济模式通常受制于固定的交易时间、企业的选址和与消费者的地理距离，使经济个体对时间和空间的利用程度较低（荣朝和，2011，2014，2016，2018），导致产品或服务的生产过程与消费过程相分离，造成延时效应（冯华、陈亚琦，2016），形成了来自信息传递的时间成本以及供需匹配的空间成本，造成经济效率的下降以及社会福利的损失。电子信息技术的进步带来了"信息革命"，信息生产、处理手段快速迭代与发展，大幅度加快了信息搜寻、处理与传递的速度，使商品或服务的生产过程与消费过程的延时效应大大降低，缩减了信息获取、供需匹配的交易成本，释放了平台经济模式的潜力。在这种情形下，平台通过互联网技术能够极大地克服延时效应的障碍，使平台服务的生产过程与消费过程逐渐打破了时空限制，使两者具备较高的一致性，在较低的交易成本和较高的匹配效率下，发挥交叉网络外部性的作用，促使用户协助平台快速高效地实现平台服务的生产过程和消费过程。互联网平台的用户规模越大，就越能在平台服务快速高效地实现生产和消费的过程中形成大规模匹配的交易量，从而促使平台盈利水平和市场份额的提升以及总体竞争优势的扩大。在此背景下，互联网平台企业近年来异军突起，如 2015 年拥有 2.94 亿用户的美国电商平台亚马逊（Amazon）的市值在 7 月超过传统零售巨头沃尔玛（WalMart），目前前者市值约为后者的 2.6 倍[①]。

在平台服务生产与消费的同一化的特征下，平台厂商若想发挥媒介匹配功能、促成大规模匹配交易、提高市场竞争力和盈利能力，就需要争取大量用户，这使用户因素成为影响平台竞争优势的重要影响因素，换言之，平台竞争的关键即是用户。平台厂商的用户规模越大，平台就越能在互联网技术条件下使各边用户达成尽可能多的平台服务的生产过程和消费过程，从而形成大规模的匹配交易量，而这正

---

① 根据亚马逊官方财报、沃尔玛官方财报整理。

是平台盈利水平提升和竞争优势形成的重要基础。平台厂商以用户获取竞争优势可以分为两个层面：一是平台每边的用户数量或用户规模优势；二是用户类别的优势，即直观意义上的平台的"边"数的优势。这两个层面使平台用户竞争呈现出两种不同的方向，一种是平台厂商进行用户规模竞争，立足并专注于各边用户数量的增长，另一种是平台厂商进行用户类别竞争，通过增加用户类别从而促成平台从双边向多边的转变。

生产与消费同一化使各边用户在平台的中间媒介作用下得以衔接或匹配，彰显出平台大幅度降低时空成本和克服时空阻碍的作用，在供需分散的领域建立相对稳定互动配对关系的本质和内涵（荣朝和，2011，2016，2018），这显著区别于单边市场的"产消合一"的概念。"产消合一"是指厂商使消费者在消费过程中承担部分生产者的工作以节约成本，这是厂商的一种管理理念，而平台服务的生产与消费的同一化是在平台两边用户相互依存以及交叉网络外部性作用下平台服务呈现出的规律或特点。

本章接下来按照市场创造型、受众创造型和需求协调型平台的分类方式对生产与消费同一化的特征进行具体分析。

一 市场创造型平台的生产与消费同一化

市场创造型平台（Market-Maker）的主要特点是方便两边用户的交易，提高搜索交易对象的效率，促进双方用户匹配成功，典型例子是各类 B2B、B2C、C2C 平台，如婚姻中介平台、房屋中介平台、工作中介平台等，如图 3-2 所示。用户 1 参与平台即向其他用户提供了搜索和交易匹配的对象，用户 1 数量的增加所体现的是平台服务的生产过程，同时用户 1 数量的增加使用户 2 的需求得到更好的满足，促使用户 2 实现效用水平的提升，体现出平台服务的消费过程；反之亦然。该类平台中用户的参与协助平台厂商实现了平台服务的生产过程和消费过程，并使平台服务的生产过程与消费过程同时进行。若平台中不存在用户的参与，则生产过程与消费过程将无法实现，平台的服务功能也将无从发挥。

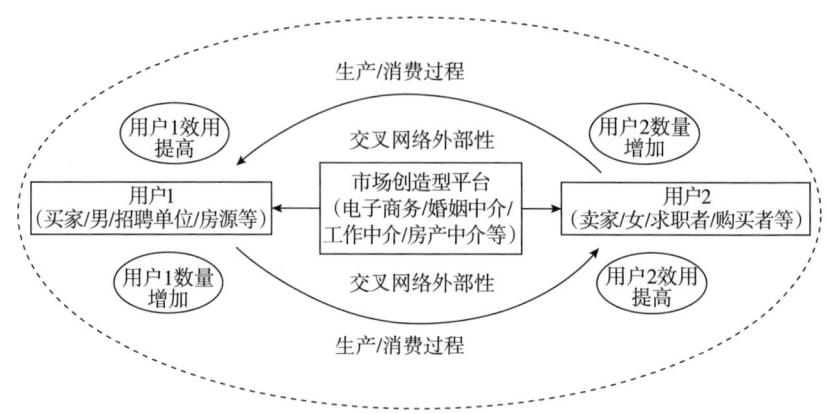

图 3-2　市场创造型平台服务的生产与消费的同一化

资料来源：笔者自制。

以 B2C 平台为例，买家参与平台是为卖家提供选择的过程，买家规模越大，平台将赋予卖家更多的盈利机会。反过来，卖家参与平台也是为买家提供选择的过程，卖家规模越大，平台为买家所提供的产品种类就更加丰富，可供买家选择的范围就更加广泛。可见，买家和卖家的参与使平台的生产与服务过程同时得以实现。如果没有两边用户对平台的参与，则两边用户均无法获得合适的匹配对象，也无法为对方提供选择的机会和范围。B2C 平台中的"选择"与"被选择"的过程即是平台服务的生产与消费过程，两个过程只有在各边用户的参与下才能实现，且生产和消费两个过程是同一的、无法割裂的。B2B、C2C 平台亦是如此。又如中介类平台中的婚姻中介平台，男方与女方的参与既为自身选择心仪的对象，也为双方提供可供选择的对象，当男方与女方参与的人数越多，平台中可供双方选择的范围就越大，匹配成功的可能性就越大，平台的功能就越可以得到发挥。男女方一旦参与平台即开启了选择与被选择的过程，推动生产与消费过程同时进行。

二　受众创造型平台的生产与消费同一化

受众创造型平台（Audience-Maker）的主要特点是通过扩大观众、网民等的参与规模，并以此吸引广告商在平台中发布广告。受众创造型平台只有具备较大规模的观众、网民才能够形成吸引厂商发布广告和产品信息的能力，典型例子如在线视频、搜索引擎平台等，如图3-3所示。一方面，观众或网民从在线视频、搜索引擎平台中获得所需要的内容，此为平台服务的消费过程；另一方面，在线视频、搜索引擎平台中所呈现的内容将依据用户群体的偏好而产生，即该类平台中的采编等人员根据用户偏好而选摘内容，并根据用户的习惯采取合理的陈列方式，在这个过程中，观众或网民对平台的参与实质上促成了平台服务的生产过程。在整个过程中，如果平台中没有两边用户的参与，平台的生产过程和消费过程也将同时终止，平台的功能将无法实现。

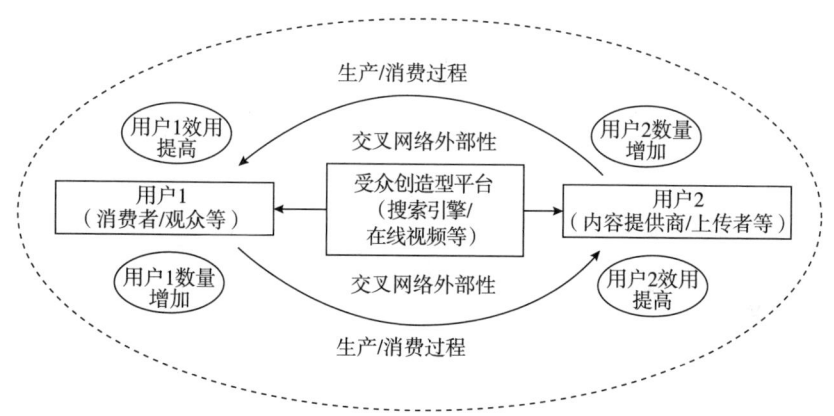

图 3-3 受众创造型平台服务的生产与消费的同一化

资料来源：笔者自制。

如图 3-3 中在线视频平台的受众群是观众，观众观看视频是平台服务的消费过程，与此同时在线视频平台中的内容是平台根据观众观看视频的喜好而设定的，在此过程中观众在潜移默化中完成了在线视频平台的生产过程与消费过程，若在线视频平台未细致研究观众的喜好并据此进行仔细的筛选等工作，则视频的内容将直接影响在线平台收益，影响广告商的参与和平台盈利的提高。再以搜索引擎为例，搜索引擎需要对网民的兴趣和习惯进行细致分析以吸引用户的参与从而扩大用户规模，搜索引擎的用户规模越大，搜索引擎吸引广告商投放广告的数量和内容提供商提供内容的数量就会越多，这有利于提高用户的参与意愿，搜索引擎的盈利能力也会随之提升，盈利能力的提升可以促使搜索引擎进一步根据用户的兴趣和习惯改进内容和排版技术，从而能够更好地满足用户需求，这会进一步提升门户网站对用户的吸引力，扩大用户规模，形成正反馈循环。报纸和在线视频等平台亦是如此，各方用户的参与推动着生产过程与消费过程的实现，任何一方用户的缺失都将使平台服务难以为继。

三　需求协调型平台的生产与消费同一化

需求协调型平台（Demand-Coordinator）的主要特点是帮助两边用户满足相互需求，典型例子如银行卡系统平台、移动通信平台、操作系统平台等，如图 3-4 所示。在需求协调型平台中，两边用户的参与可以满足彼此的需求从而促成平台服务的生产过程和消费过程，缺失任何一边用户，平台另一边用户的需求都无法获得满足。如图 3-4 中的银行卡系统平台，其两边用户分别是开户行与收单行，开户行相连的消费者与收单行相连的商户发生交易和支付行为，收单行根据费率对商户进行收单，然后开户行根据交换费率对收单行收取一定比率的交换费。开户行与收单行在银行卡平台中既是交易的提供者，也是

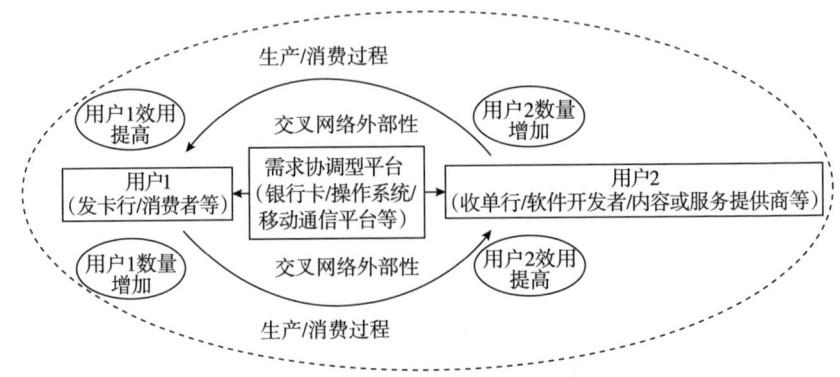

图 3-4　需求协调型平台的生产与消费的同一化

资料来源：笔者自制。

交易的受用者，二者将银行卡平台交易的生产过程与消费过程同一化，从而实现了银行卡平台的功能。操作系统平台也是如此。操作系统平台连接用户和软件开发者两边用户，用户在平台中获得应用软件的使用权利，同时软件开发者需要根据用户的特点和需求开发应用软件，使应用软件能够吸引用户，从而扩大了操作系统的用户规模，进而促进平台收益的提升。两边用户的参与使操作系统平台实现了平台服务的生产过程与消费过程，使生产与消费统一于整个软件产品的使用过程中。

从以上分析可知，生产与消费的同一化的特征均体现于各类平台中，用户的参与促使平台服务的生产过程与消费过程得以同时实现，使生产过程和消费过程相互融合、密不可分，最终促使平台的媒介匹配功能得以发挥，凸显出用户在平台竞争中的重要地位。

第二节 平台中的规模经济与平台用户规模竞争

规模经济通常指厂商在一定的技术水平下提升生产能力，使长期平均成本下降，具体表现为长期平均成本曲线向下倾斜的经济效应。规模经济所反映的是生产要素的集中程度与经济效益之间的关系，即随着厂商规模的加大，厂商的生产成本和经营费用都得以降低，从而取得成本竞争优势。

传统产业的规模经济通常被称为供应方的规模经济，基于供应方规模经济的正反馈效应具有自然界限，厂商规模超过一定界限后会促使交易成本提高，从而引起负的反馈作用。在网络经济中，网络中的用户数量越多，用户从该网络中获得的效用就越高，网络的价值将会呈现几何级数增长，网络的规模也将随之壮大，正反馈效应愈加显著，因此网络经济中的规模经济主要是由需求方规模经济所导致的（Katz and Shapiro，1985；Economides，1996）。当供应方规模经济与需求方规模经济相结合时，网络经济中的正反馈效应更加明显，显著的正反馈效应越可以促进网络规模的扩大，从而促使厂商提高收益。

双边市场中具有供给方规模经济和需求方规模经济效应，交叉网络外部性的存在使平台中一边用户数量的增加可以提高另一边用户的效用水平，效用水平的提高提升用户的参与意愿，并反过来影响另一边用户的效用水平。此时各个需求方逐渐个性化，供给方需要根据个性化需求进行针对性的弹性生产或服务，因此规模经济在此时主要表现为平台媒介匹配所形成的巨大交易量下成本的下降（陈禹等，2018）。平台厂商增加用户类别时，消费者与多个商户类别共存，在平台的匹配和协调下，各类商户和消费者达成交易，从而形成消费者和各类商户之间的规模匹配。在交叉网络外部性作用下，各类商户所提供的产品种类越丰富、质量越上乘、价格越低廉，消费者与商户达成交易的意愿就会更加强烈，消费者的效用水平就会更高，这促使消费者规模的扩大，又反过来促进商户盈利水平的提升，进而扩大商户规模。因此，平台增加类别能够促使平台整体用户规模的扩大，这使成本平摊后得以降低，使平台形成基于用户的规模经济。

平台的规模经济的着眼点和立足点都是用户，这显著区别于基于产品的规模经济。对传统单边厂商而言，无论对新用户的吸引还是对老用户的维持，都以产品或服务的数量优势、质量优势以及价格优势为基础。若产品或服务的质量更高、定价水平更低，且厂商在参与市场竞争中已经形成了较高的声誉影响或知名度，则会赋予单边厂商维持老用户和吸引新用户的能力，促使产品销量提升和用户规模扩大，并进一步提升声誉和扩大知名度。因此，单边厂商无法抛却产品或服务的具体形式而单纯地讨论用户，厂商对用户价值的开发皆依托于产品，只有厂商形成了基于质量、销售、定价等方面的优势，厂商才可以依据产品而进行用户的开发和维护，通过多种营销手段扩大用户群体规模，维持并提升用户对产品的忠诚度。

在双边市场中，平台作为中间媒介连接两边用户从而促成两方交易的达成，在此过程中，平台厂商通常并不涉及产品或服务的具体形式，而是在用户参与的过程中同时完成平台服务的生产过程和消费过程。双边市场中生产与消费同一化的特征决定了用户的关键性地位，平台厂商无论在市场进入过程还是在激烈的平台竞争过程，用户规模始终是关键因素。在市场进入过程中，"协调"问题的解决需要平台厂商使两边需求相互依赖的用户参与到平台中，形成最低网络规模，促使平台厂商顺利进入市场。在进入市场后，平台厂商需要着力扩大用户基础，并在交叉网络外部性下获得正反馈效应，形成显著的用户数量竞争优势，促进长期平均成本水平的下降，最终促进市场份额的提升和收益的增加。

第三节 平台中的范围经济与平台用户类别竞争

范围经济（Economies of Scope）是厂商通过扩大经营范围，增加产品种类，生产两种或两种以上产品从而引起的单位成本降低。传统厂商的范围经济是基于产品的范围经济，多种产品的平均成本下降是产品特性和技术关联度等因素促进资源优化配置所实现的，同单独生产具有此类关系的产品相比，厂商选择同时生产该产品将更容易获取成本优势。对于单边市场的基于产品或技术的范围经济，本部分分别从互补产品、上下游产品、售前售后产品和技术相关联产品四个方面进行分析，以为下文分析双边市场的范围经济作对比。

在单边市场中，一些产品之间存在互补关系，如乒乓球与乒乓球拍、眼镜框和眼镜片、照相机与胶卷、牙刷与牙膏、颜料与画笔等。通常情况下互补产品要一起被消费才可以满足消费者的需求。当其中一种产品的需求增强时，其互补品的需求也会增强。对于厂商而言，同时生产或销售呈互补关系的两种产品一方面将会加大进入新市场的胜算，促进产品销量的提升，降低成本水平；另一方面厂商可以通过互补品价格的调整增加销量，增强竞争优势，巩固厂商的市场地位，加大击败竞争对手的胜算。

在上下游关系市场中，如生产原材料和零部件制造的上游市场与对原材料进行深加工处理的下游市场，若厂商能够同时覆盖产品的上下游市场，则产品的生产和加工等多个环节均可以为厂商所把握，这有助于厂商形成从产品生产到深加工的封闭式系统。在该系统中，厂商同时涉足存在上下游关系的市场有助于降低产品的生产成本，而较低的生产成本有助于消费者从该厂商的产品或服务中获取较多的便利，促进消费者购买该产品或服务效用水平提升，促进产品的市场需求的提高。基于提升的市场需求，厂商的市场竞争优势增强，有利于获取市场份额，提升市场地位。

在售前市场和售后市场中，售前市场如汽车销售以前的交易活动，售后市场如汽车销售以后的交易活动。售前售后市场的关系十分紧密，厂商同时涉及产品的售前与售后市场可以显著降低市场进入难度，形成类似于纵向上下游市场的闭环优势，有助于厂商控制两个市场的成本，有利于优化消费者在购买产品或服务前后的用户体验，减少消费者购买产品在维修维护服务方面的后顾之忧，提高产品的销量和增强厂商的竞争优势。

当厂商选择生产技术上相关联的产品时，技术间的关联性使厂商免于开发新技术和研制新产品，厂商只需在相近的技术范围内进行关联生产即可。在此过程中，相比重新开发新技术，厂商只需以较低的成本水平就可以生产两种产品，从而有机会同时涉足两个市场，直接接触两个市场的消费者，有利于厂商降低产品或服务的联合生产成本，大大降低厂商进入新市场的难度。技术相关联产品可以同时满足消费者的多种需求，消费者的效用水平得以提高，最终有利于厂商获取利润和占据更大的市场份额。

由以上分析可以看出传统单边市场中范围经济主要因产品需求和生产技术而形成，而双边市场的范围经济则与此不同。平台厂商增加用户类别进入新市场促使平台从双边平台转变为多边平台，平台厂商在原市场和新市场之间通常可以共用某些关键性的生产要素，如用户规模、数据、技术等，关键性生产要素的共用能够使平台厂商在用户类别竞争中获得平台服务成本的降低，从而能够获得范围经济优势。除此之外，平台厂商增加用户类别使平台服务的内容和范围得以丰富和扩大，开发并满足了消费者的新需求，使消费者在同一个平台中消费多种产品或服务的时间成本和选择成本均低于分别选择不同平台产品或服务的时间成本和选择成本，从而有利于提升消费者的参与意愿，使平台厂商获得基于用户的范围经济优势。

平台厂商增加用户类别使不同类别用户之间不仅存在交叉网络外部性还存在着用户类别外部性。平台厂商增加用户类别使平台服务内容更加丰富，服务范围更加广泛，在范围经济优势下平台可以更好地满足消费者的多样化需求，提高消费者的效用水平，这种因平台厂商提高用户类别总数而提升消费者效用的本质即为用户类别外部性。交叉网络外部性是一边用户规模变化对其他边用户效用水平的影响，而用户类别外部性是平台厂商增加的用户类别总数形成的范围经济优势对消费者效用水平的影响。当平台厂商增加用户类别形成范围经济优势时，交叉网络外部性和用户类别外部性会同时作用于各边用户，促进各边用户在平台中获取较高的效用水平，提高各边用户的黏性和对平台的参与意愿，从而进一步增强平台厂商的竞争优势。

由上文关于双边市场中生产与消费的特点以及平台竞争中的规模经济优势和范围经济优势的分析可知，在交叉网络外部性的作用下，用户的参与使平台厂商获得了待匹配的用户资源，从而促使平台厂商实现了服务的生产过程，而匹配或交易的达成使平台厂商完成了中间媒介的角色，从而实现了平台服务的消费过程，表现为生产与消费同一化的特征。互联网技术的发展降低了交易成本，提高了经济效率，释放了平台经济模式的潜力，使平台各边得以通过凝聚大量用户扩大平台交易量，这使互联网平台在交叉网络外部性作用下更加突出地表现出生产与消费的同一化特征。

在生产与消费同一化的特征之下，用户规模的扩大使平台厂商具有更大的待匹配资源，在交叉网络外部性的作用下，两边用户间交易量和匹配量提高，用户的效用水平得以提升，这将有利于提高用户的参与意愿和用户规模的进一步扩张，最终促使平台厂商降低成本，形成基于用户规模的规模经济优势。此外，平台厂商增加用户类别从而使平台由双边平台转变为多边平台时，一方面平台厂商通过在多个市场间共用关键性生产要素使平台服务成本降低，获得范围经济优势，另一方面平台用户类别竞争中产品或服务的种类趋于多样化，使消费者在同一平台中消费多种产品或服务的时间成本和选择成本低于分别消费的成本之和，进而提高消费者的参与意愿，使平台厂商获得范围经济。规模经济优势和范围经济优势使平台厂商更易于在生产与消费同一化下获得更大规模的匹配交易，使平台厂商获取更高的收益，是平台厂商获取优势市场地位和提高市场势力的重要基础。

平台服务生产与消费同一化的特征，以及在平台用户竞争中的规模经济优势和范围经济优势，决定了用户是平台竞争的关键要素。平台厂商可以从两个层面增强用户竞争优势，一是扩大用户规模增强规模经济优势，二是增加用户类别增强范围经济优势。平台厂商扩大用户规模和增加用户类别就是在交叉网络外部性和用户类别外部性下提升用户的效用水平，提高用户对平台的参与意愿，扩大平台服务的生产与消费的规模，于生产和消费的同一化中形成更大规模的匹配交易，获得范围经济优势和规模经济优势，从而最终获得盈利水平的提升。

第四节　本章小结

本章基于交叉网络外部性的特性剖析并总结了用户在平台服务的生产过程与消费过程中的作用，由此揭示了平台厂商进行用户竞争的原因，主要结论包括：

第一，用户的参与促使平台同时实现了平台服务的生产过程与消费过程，任何一边用户的缺失都会使平台丧失待匹配的资源，使平台失去媒介匹配的生产要素的提供者和最终消费者，使平台服务无从生产、无路消费，平台的媒介匹配功能也就无法发挥，最终平台厂商将失去市场竞争力和盈利能力。

第二，互联网技术的发展逐步打破了时间和空间的约束，使互联网平台降低甚至避免了生产与消费之间的延时效应，用户在互联网平台中能够更加高效地促进平台服务的生产过程和消费过程的大规模实现，从而促使平台极大地发挥平台经济的效率优越性，这使互联网平台各边得以通过凝聚大量用户扩大平台交易量，在交叉网络外部性作用下更加突出地表现出生产与消费的同一化特征。

第三，平台扩大用户规模和增加用户类别可以形成基于用户的规模经济和范围经济，因此平台厂商可以从两个层面增强用户竞争优势，一是扩大平台用户规模，在平台媒介匹配下，形成巨大交易量，使成本水平下降；二是增加用户类别，在多个市场中共用关键性的生产要素如算法、流量等降低成本水平，并降低消费者在同一个平台中消费多种产品或服务的时间成本和选择成本。

综上，本章发现、归纳和总结了在用户的参与下平台服务的生产过程和消费过程得以协同实现的规律。对该特征的研究是对双边市场的交叉网络外部性、价格非对称性和需求相互依赖性的补充，有助于更加全面地刻画平台经济的特点，加深对平台厂商进行用户竞争的原因的理解，为后文具体考察平台用户规模竞争和用户类别竞争奠定一定的理论基础。

第四章　平台用户规模竞争：理论分析

平台用户竞争分为两个重要层面，一是平台用户规模竞争，二是平台用户类别竞争。在平台用户规模竞争中，互联网技术的进步使平台用户规模竞争方式不断创新，呈现出多样化的特点。部分平台厂商通过"用户补贴""用户迁移""平台化"等方式获取了显著的用户规模优势，甚至在市场上形成"一家独大"的局面。本章将探讨平台厂商通过扩大用户规模提升竞争优势的内在机理，并探究"用户补贴""用户迁移""平台化"的用户规模竞争方式下平台厂商实现用户规模快速扩张的原因。

本章的结构安排如下：第一节，探究平台用户规模竞争对平台定价、利润和用户规模的影响；第二节，探究"用户补贴"方式的用户规模扩大效应；第三节，分析"用户迁移"方式对用户规模扩大的作用；第四节，考察单边厂商"平台化"对用户规模的影响；第五节，本章的主要研究结论。

第一节　平台用户规模竞争的用户规模扩大效应

本节通过构建理论模型分析平台用户规模竞争对平台定价、利润等方面的影响。假设如下：市场中存在两个平台，即平台 1 和平台 2，两个平台相互争夺用户以寻求在竞争中占据优势地位；两平台均面临单归属于平台的两个类别的用户，分别是用户类别 A 和用户类别 B，两边用户均匀地分布在单位为 1 的区间中，两平台在边 A 的用户数分

别为 n_1^A 和 n_2^A，在边 B 的用户数分别为 n_1^B 和 n_2^B，用户单归属于平台。平台两边用户之间存在交叉网络外部性，边 B 用户数量的增加对边 A 用户效用影响的交叉网络外部性强度为 α，边 A 用户数量的增加对边 B 用户效用影响的交叉网络外部性强度为 β。假设平台 1 的用户数量大于平台 2 的用户数量，平台 1 中相对较大的用户规模使平台具有更强的网络效应，用户使用平台 1 相对于使用平台 2 能够获得额外的效用，记为 e。为避免市场中某个平台厂商占据全部的市场份额，假设 $0<e<\dfrac{3(2t-\alpha-\beta)}{2}$，其中 t 为平台 1 和平台 2 的差异化程度。两平台对两边用户的定价分别为 P_i^A、P_i^B（$i=1,2$）。为保证平台厂商市场份额的获取以及模型中均衡解的获得，假设 α、$\beta<t$，$(\alpha+\beta)^2<4t^2$。

此时，两平台边 A 用户的效用函数可以分别表示为：

$$u_1^A = \alpha n_1^B - P_1^A - tx + e \tag{4-1}$$

$$u_2^A = \alpha n_2^B - P_2^A - t(1-x) \tag{4-2}$$

两平台的边 B 用户的效用函数可以表示为：

$$u_1^B = \beta n_1^A - P_1^B - ty + e \tag{4-3}$$

$$u_2^B = \beta n_2^A - P_2^B - t(1-y) \tag{4-4}$$

边 A 的无差异用户为 $x = \dfrac{e - P_1^A + P_2^A + \alpha(n_1^B - n_2^B)}{2t} + \dfrac{1}{2}$，边 B 的无差异用户为 $y = \dfrac{e - P_1^B + P_2^B + \beta(n_1^A - n_2^A)}{2t} + \dfrac{1}{2}$，且根据 $n_1^A + n_2^A = 1$、$n_1^B + n_2^B = 1$，可以得到：

$$n_1^A = \dfrac{e - P_1^A + P_2^A + \alpha(n_1^B - n_2^B)}{2t} + \dfrac{1}{2}$$

$$n_2^A = \dfrac{1}{2} - \dfrac{e - P_1^A + P_2^A + \alpha(n_1^B - n_2^B)}{2t}$$

$$n_1^B = \dfrac{e - P_1^B + P_2^B + \beta(n_1^A - n_2^A)}{2t} + \dfrac{1}{2}$$

$$n_2^B = \dfrac{1}{2} - \dfrac{e - P_1^B + P_2^B + \beta(n_1^A - n_2^A)}{2t}$$

联立以上四式，可以得到两平台两边的用户数量，分别为：

$$n_1^A = \frac{e(\alpha+t) - t(P_1^A - P_2^A) - \alpha(P_1^B - P_2^B)}{2t^2 - 2\alpha\beta} + \frac{1}{2}$$

$$n_2^A = \frac{1}{2} - \frac{e(\alpha+t) - t(P_1^A - P_2^A) - \alpha(P_1^B - P_2^B)}{2t^2 - 2\alpha\beta}$$

$$n_1^B = \frac{e(\beta+t) - t(P_1^B - P_2^B) - \beta(P_1^A - P_2^A)}{2t^2 - 2\alpha\beta} + \frac{1}{2}$$

$$n_1^B = \frac{1}{2} - \frac{e(\beta+t) - t(P_1^B - P_2^B) - \beta(P_1^A - P_2^A)}{2t^2 - 2\alpha\beta}$$

为了便于后续推导和分析，假定两平台为用户提供产品和服务过程中的边际成本和固定成本为零，因此可将两平台的利润表示为：

$$\pi_i = P_i^A n_i^A + P_i^B n_i^B$$

将平台 1 的两边用户数量代入利润函数，求取一阶导数，使 $\frac{\partial \pi_1}{\partial P_1^A} = 0$ 和 $\frac{\partial \pi_1}{\partial P_1^B} = 0$，可以得到：

$$P_1^A = \frac{(\beta-t)(2e+P_2^A+P_2^B)}{2(\alpha+\beta-2t)} + \frac{(\beta+t)(2t+2\beta+P_2^A-P_2^B)}{2(\alpha+\beta+2t)} - \beta$$

$$P_1^B = \frac{(\beta+t)(2t+2\beta+P_2^A-P_2^B)}{2(\alpha+\beta+2t)} - \frac{(\beta-t)(2e+P_2^A+P_2^B)}{2(\alpha+\beta-2t)} - \beta + e + P_2^B$$

再将平台 2 的两边用户数量代入利润函数，求取一阶导数，使 $\frac{\partial \pi_2}{\partial P_2^A} = 0$ 和 $\frac{\partial \pi_2}{\partial P_2^B} = 0$，可以得到：

$$P_2^A = \frac{3t - 2\beta - e - \alpha}{2}$$

$$P_2^B = \frac{3t - 2\alpha - e - \beta}{2}$$

将平台 2 对两边用户的定价代入 P_1^A 和 P_1^B 中，经化简可以得到平台 1 对两边用户的定价为：

$$P_1^A = t - \frac{3\beta}{2} + \frac{(\beta+t)^2}{2(\alpha+\beta+2t)} + \frac{e(\beta-t)}{2(\alpha+\beta-2t)}$$

$$P_1^B = t - \alpha + \frac{e-\beta}{2} + \frac{(\beta+t)^2}{2(\alpha+\beta+2t)} - \frac{e(\beta-t)}{2(\alpha+\beta-2t)}$$

从平台对两边用户的定价可以看出，平台对用户的定价受到多个因素的影响，包括用户之间的交叉网络外部性强度、平台1用户规模所产生的额外效用、平台之间的差异化程度等。求取定价关于平台1用户规模扩大所产生的额外效用 e 的一阶导数，根据 $\alpha, \beta < t$，可以得到：

$$\frac{\partial P_1^A}{\partial e} = \frac{\beta - t}{2(\alpha+\beta-2t)} > 0$$

$$\frac{\partial P_2^A}{\partial e} = -\frac{1}{2} < 0$$

$$\frac{\partial P_1^B}{\partial e} = \frac{\alpha - t}{2(\alpha+\beta-2t)} > 0$$

$$\frac{\partial P_2^B}{\partial e} = -\frac{1}{2} > 0$$

可以发现，平台1的定价会随着平台1用户规模扩大所产生额外效用的提高而提高，平台2的定价随着平台1用户规模扩大所产生的额外效用的提高而降低，换言之，当平台1形成较强的用户规模竞争优势时，其对用户所产生的额外的效用能够提升平台1的定价能力，同时会降低竞争对手平台2的定价能力。由此可以看出，平台厂商增加用户数量形成用户规模竞争优势有助于提升平台对用户的定价能力。同时，平台厂商的用户规模竞争优势的形成将对竞争对手平台产生竞争威胁，从而迫使竞争对手降低定价水平以维持现有的用户规模。

将平台对两边用户的定价代入平台两边的用户数量中，经过化简可以得到：

$$n_1^A = \frac{5}{8} - \frac{e(\alpha+\beta) + t(\beta-\alpha+2e) + \frac{(\alpha^2-\beta^2)}{2}}{4(\alpha^2+\beta^2+2\alpha\beta-4t^2)}$$

$$n_2^A = \frac{3}{8} + \frac{e(\alpha+\beta) + t(\beta-\alpha+2e) + \frac{(\alpha^2-\beta^2)}{2}}{4(\alpha^2+\beta^2+2\alpha\beta-4t^2)}$$

$$n_1^B = \frac{5}{8} - \frac{e(\alpha+\beta) + t(\alpha-\beta+2e) - \frac{(\alpha^2-\beta^2)}{2}}{4(\alpha^2+\beta^2+2\alpha\beta-4t^2)}$$

$$n_2^B = \frac{3}{8} + \frac{e(\alpha+\beta) + t(\alpha-\beta+2e) - \frac{(\alpha^2-\beta^2)}{2}}{4(\alpha^2+\beta^2+2\alpha\beta-4t^2)}$$

对平台两边的用户数量关于平台1用户规模扩大所产生的额外效用 e 求取一阶导数，同时根据 $\alpha,\beta<t$，可以得到如下关系式：

$$\frac{\partial n_1^A}{\partial e} = -\frac{1}{4(\alpha+\beta-2t)} > 0$$

$$\frac{\partial n_2^A}{\partial e} = \frac{1}{4(\alpha+\beta-2t)} < 0$$

$$\frac{\partial n_1^B}{\partial e} = -\frac{1}{4(\alpha+\beta-2t)} > 0$$

$$\frac{\partial n_2^B}{\partial e} = \frac{1}{4(\alpha+\beta-2t)} < 0$$

由上述关系式可以看出，平台1的用户规模随着额外效用 e 的提高而提高，平台2的用户规模随着额外效用 e 的提高而降低，即当平台1形成较强的用户规模竞争优势时，其对用户所产生的额外效用能够使平台1进一步扩大用户规模，并促使平台2的用户规模缩小。由此可以看出，平台厂商增加用户数量能够显著提升用户的参与意愿，使平台厂商的用户规模竞争优势更加显著，形成"强者更强"的局面。同时，平台1用户规模优势的强化将会显著地威胁平台2的用户规模。由于用户在平台1中能够获得高于平台2的效用水平，用户将更加倾向于参与平台1而非平台2，这将不利于平台2的用户规模的扩大，甚至危及其对现有用户规模的维持。

将平台的用户数量和定价代入平台利润函数中，经过化简可以得到两平台的利润为：

$$\pi_1 = \frac{(\beta+t)^2}{8(\alpha+\beta+2t)} - \frac{e^2}{8(\alpha+\beta-2t)} + \frac{5e-7\beta-6\alpha+12t}{8}$$

$$\pi_2 = \frac{(\beta+t)^2}{4(\alpha+\beta+2t)} - \frac{e^2}{4(\alpha+\beta-2t)} + \frac{4t-3e-3\beta-2\alpha}{4}$$

分别对两平台的利润关于平台 1 用户规模扩大所产生的额外效用 e 求取一阶导数，可得：

$$\frac{\partial \pi_1}{\partial e} = \frac{5}{8} - \frac{e}{4(\alpha+\beta-2t)} \tag{4-5}$$

$$\frac{\partial \pi_2}{\partial e} = -\frac{e}{2(\alpha+\beta-2t)} - \frac{3}{4} \tag{4-6}$$

在式（4-5）和式（4-6）中，根据 $\alpha,\beta<t$，可以得到平台 1 的利润与额外效用 e 之间的关系为 $\frac{\partial \pi_1}{\partial e}>0$；同时，由于 $0<e<\frac{3(2t-\alpha-\beta)}{2}$，可以得到平台 2 的利润与额外效用 e 之间的关系为 $\frac{\partial \pi_2}{\partial e}<0$。由此可以看出，随着平台 1 用户规模竞争优势的扩大，对用户所形成的额外效用提高，平台 1 的利润将呈现上升趋势，而平台 2 的利润将呈现下降趋势。从利润的变化中可知：平台 1 用户规模优势的形成提高了用户的效用水平和参与意愿，赋予了平台厂商提高定价的能力，这两方面的因素共同促进平台厂商获得较高的收益，因此平台 1 对用户形成的额外效用与利润呈正相关关系。与此同时，平台 1 的用户规模竞争优势对用户所形成的额外效用将对平台 2 产生较显著的竞争威胁，即使平台 2 以对一边用户低价的方式努力吸引和维持用户，但在激烈的用户争夺之下仍旧难以抵挡平台 1 的用户规模优势，从而导致平台 2 用户规模的萎缩，由此平台 2 的利润与平台 1 的用户规模优势对用户所形成的额外效用之间呈负相关关系。

从上述分析中可以看出，平台厂商的用户规模竞争优势越大，越有利于平台厂商定价能力的提高，并在此基础上进一步扩大用户规模，"强者更强"，从而促进提升平台的利润水平。平台厂商的用户规模优势越大，对竞争对手所形成的竞争威胁就越大，从而使竞争对手的用户规模趋于减小、平台收益趋于降低。

平台厂商用户规模竞争的方式较为多样，如横向兼并、纵向一体化、平台合作、互联互通等。在互联网和数据处理等技术快速普及、应用和发展的背景下，逐渐出现了一些典型的互联网平台用户规模竞争方式，如"用户补贴"、"用户迁移"与厂商"平台化"。三种竞争方式有诸多案例可循，用户补贴方式如"滴滴打车"和"快的打车"采用用户补贴方式培养了用户使用网约车的习惯，极大地调动了用户参与平台的积极性，从而在两年左右的时间内形成1.72亿用户数，其中"滴滴打车"占43.3%，"快的打车"占56.5%[①]；"用户迁移"方式如苹果公司在推出iPad时内置iBooks将1亿个iTunes账号进行"迁移"从而使苹果公司在电子书市场中迅速形成庞大的用户规模，仅两年就获得20%的市场份额[②]；单边厂商"平台化"方式如京东商城利用产品销售优势实现从销售商向平台厂商的转变，活跃用户数由2013年的4700万迅速提升至2018年的3.14亿[③]。从这些案例可以看出，这些典型的用户规模竞争方式促使平台厂商在互联网技术进步的条件下快速实现用户规模的扩大，显著增强竞争优势，甚至成为行业中的主导厂商。下文将对这三种典型的平台用户规模竞争方式进行探究，以考察三种方式下平台厂商增强用户规模优势的机理。

第二节 平台"用户补贴"的用户规模扩大效应

本节通过构建平台用户补贴策略模型探究平台厂商实行用户补贴策略对用户数量和利润的影响。为贴近现实情形，本节将模型主要分为两种情形：第一种情形为两平台中其中一个平台实行用户补贴，另一个平台不实行用户补贴；第二种情形为两平台均实行用户补贴。

---

① 易观国际：《中国打车APP市场季度监测报告2014年第4季度》，http://www.Enfodesk.com/SMinisite/maininfo/articledetail-id-418731.html，2015年1月22日。

② 《苹果：我们在美国持有20%的电子书市场份额》，http://www.cnbeta.com/articles/240912.html，2013年6月13日。

③ 根据京东商城官方财报整理。

假设市场中存在两个平台厂商分别是平台1和平台2，平台两边面临两个用户类别，即边 A 的消费者和边 B 的商户，用户数量分别为 n_i^A 和 n_i^B（$i=1, 2$）。用户参与平台可以获得基本效用 v（$v>0$）。平台两边用户之间存在交叉网络外部性，即一边用户数量每增加一个可以促进另一边用户的效用水平的提升，强度为 α（$0<\alpha<1$）。平台厂商对消费者定价为 P_i^A，对商户定价为 P_i^B。平台厂商为吸引用户进行用户补贴，为分析简便，假定平台厂商以对定价补贴的方式来实行补贴策略，补贴率为 ζ_i，其中 $\zeta_i \in$（1，$+\infty$），补贴后平台实际收取的价格小于0；用户对平台补贴的敏感度为 ϑ（$0<\vartheta<1$），用以体现用户总数随着补贴率的上升而增加的比例。此外，用户转换平台的机会成本为 tx_j（$j=A, B$）。考虑到用户对平台的使用存在一定的惯性，因此本节主要研究用户单归属于平台的情形。为推导简便，假设平台为用户提供服务的单次成本和固定成本均为零。

一　用户补贴理论模型

本部分首先分析两平台在无补贴状态下的竞争。根据前文的假设条件，可以得到两平台中消费者的效用函数分别为：

$$u_1^A = v + \alpha n_1^B - P_1^A - tx_A \tag{4-7}$$

$$u_2^A = v + \alpha n_2^B - P_2^A - t(1-x_A) \tag{4-8}$$

当两平台的消费者效用相等即 $u_1^A = u_2^A$ 时，可以求得无差异消费者 x_A：

$$x_A = \frac{1}{2} + \frac{(P_1^A - P_2^A) + \alpha(n_1^B - n_2^B)}{2t}$$

两平台中商户的效用函数分别为：

$$u_1^B = v + \alpha n_1^A - P_1^B - tx_B \tag{4-9}$$

$$u_2^B = v + \alpha n_2^A - P_2^B - t(1-x_B) \tag{4-10}$$

同样，当两平台中商户效用相等即 $u_1^B = u_2^B$ 时，可以求得无差异商户 x_B：

$$x_B = \frac{1}{2} + \frac{(P_1^B - P_2^B) + \alpha(n_1^A - n_2^A)}{2t}$$

两平台的消费者和商户数量可以分别表示为：

$$n_1^A = \frac{1}{2} + \frac{(P_1^A - P_2^A) + \alpha(n_1^B - n_2^B)}{2t}$$

$$n_2^A = \frac{1}{2} - \frac{(P_1^A - P_2^A) + \alpha(n_1^B - n_2^B)}{2t}$$

$$n_1^B = \frac{1}{2} + \frac{(P_1^B - P_2^B) + \alpha(n_1^A - n_2^A)}{2t}$$

$$n_2^B = \frac{1}{2} - \frac{(P_1^B - P_2^B) + \alpha(n_1^A - n_2^A)}{2t}$$

联立上述四式，可以求得两平台的消费者和商户数量分别为：

$$n_1^A = \frac{1}{2} + \frac{\alpha(P_1^B - P_2^B) + t(P_1^A - P_2^A)}{2(\alpha^2 - t^2)}$$

$$n_2^A = \frac{1}{2} - \frac{\alpha(P_1^B - P_2^B) + t(P_1^A - P_2^A)}{2(\alpha^2 - t^2)}$$

$$n_1^B = \frac{1}{2} + \frac{t(P_1^B - P_2^B) + \alpha(P_1^A - P_2^A)}{2(\alpha^2 - t^2)}$$

$$n_2^B = \frac{1}{2} - \frac{t(P_1^B - P_2^B) + \alpha(P_1^A - P_2^A)}{2(\alpha^2 - t^2)}$$

平台厂商的利润为：

$$\pi_i = P_i^A n_i^A + P_i^B n_i^B$$

将消费者和商户数量代入上式的利润函数中，并分别关于消费者和商户的价格求取一阶导数，使 $\frac{\partial \pi_i}{\partial P_i^A} = 0$、$\frac{\partial \pi_i}{\partial P_i^B} = 0$，可得平台对消费者和商户的定价分别为：

$$P_1^A = P_1^B = P_2^A = P_2^B = t - \alpha \tag{4-11}$$

平台两边的用户数量分别为：

$$n_1^A = n_1^B = n_2^A = n_2^B = \frac{1}{2} \tag{4-12}$$

则两平台的利润为：

$$\pi_1 = \pi_2 = P_1^A n_1^A + P_1^B n_1^B = P_2^A n_2^A + P_2^B n_2^B = \frac{t-\alpha}{2} + \frac{t-\alpha}{2} = t - \alpha \tag{4-13}$$

(一) 单平台补贴

分析第一种情形，即平台 1 为谋求获取更大的用户规模实行用户补贴策略，补贴率为 ζ。平台 2 顾忌补贴所形成的开支未采用用户补贴策略。此时，两平台中消费者的效用函数分别为：

$$u_1^{A'} = v + (\alpha + \vartheta\zeta) n_1^{B'} - (1-\zeta) P_1^{A'} - tx_A \qquad (4-14)$$

$$u_2^{A'} = v + \alpha n_2^{B'} - P_2^{A'} - t(1-x_A) \qquad (4-15)$$

令两平台的消费者效用相等即 $u_1^{A'} = u_2^{A'}$，可以求得无差异消费者 x_A：

$$x_A = \frac{1}{2} + \frac{P_1^{A'}(\zeta-1) + P_2^{A'} - \alpha n_2^{B'} + n_2^{B'}(\alpha+\vartheta\zeta)}{2t}$$

两平台中商户的效用函数分别为：

$$u_1^{B'} = v + (\alpha+\vartheta\zeta) n_1^{A'} - (1-\zeta) P_1^{B'} - tx_B \qquad (4-16)$$

$$u_2^{B'} = v + \alpha n_2^{A'} - P_2^{B'} - t(1-x_B) \qquad (4-17)$$

同样，令两平台中商户效用相等即 $u_1^{B'} = u_2^{B'}$，可以求得无差异商户 x_B：

$$x_B = \frac{1}{2} + \frac{P_1^{B'}(\zeta-1) + P_2^{B'} - \alpha n_2^{A'} + n_1^{A'}(\alpha+\vartheta\zeta)}{2t}$$

两平台的消费者和商户数量可以分别表示为：

$$n_1^{A'} = \frac{1}{2} + \frac{P_1^{A'}(\zeta-1) + P_2^{A'} - \alpha n_2^{B'} + n_1^{B'}(\alpha+\vartheta\zeta)}{2t}$$

$$n_2^{A'} = \frac{1}{2} - \frac{P_1^{A'}(\zeta-1) + P_2^{A'} - \alpha n_2^{B'} + n_1^{B'}(\alpha+\vartheta\zeta)}{2t}$$

$$n_1^{B'} = \frac{1}{2} + \frac{P_1^{B'}(\zeta-1) + P_2^{B'} - \alpha n_2^{A'} + n_1^{A'}(\alpha+\vartheta\zeta)}{2t}$$

$$n_2^{B'} = \frac{1}{2} - \frac{P_1^{B'}(\zeta-1) + P_2^{B'} - \alpha n_2^{A'} + n_1^{A'}(\alpha+\vartheta\zeta)}{2t}$$

联立上述四式，可以求得两平台的消费者和商户数量分别为：

$$n_1^{A'} = [(2\alpha+\vartheta\zeta)(P_1^{B'}-P_2^{B'}) - \zeta P_1^{B'}(2\alpha+\zeta) - 2t(P_2^{A'}-P_1^{A'}) - 2t\zeta P_1^{A'}$$
$$+ 2(\alpha^2-t^2) - \vartheta\zeta(t-\alpha)]/[\vartheta^2\zeta^2 + 4\vartheta\zeta\alpha + 4(\alpha^2-t^2)]$$

$$n_2^{A'} = [(2\alpha+\vartheta\zeta)(P_2^{B'}-P_1^{B'}) + \zeta P_1^{B'}(2\alpha+\zeta) + 2t(P_2^{A'}-P_1^{A'}) + 2t\zeta P_1^{A'}$$

$$+2(\alpha^2-t^2)-\vartheta\zeta(t-3\alpha)]/[\vartheta^2\zeta^2+4\vartheta\zeta\alpha+4(\alpha^2-t^2)]$$

$$n_1^{B'}=[(2\alpha+\vartheta\zeta)(P_1^{A'}-P_2^{A'})-\zeta P_1^{A'}(2\alpha+\zeta)-2t(P_2^{B'}-P_1^{B'})-2t\zeta P_1^{B'}$$
$$+2(\alpha^2-t^2)-\vartheta\zeta(t-\alpha)]/[\vartheta^2\zeta^2+4\vartheta\zeta\alpha+4(\alpha^2-t^2)]$$

$$n_2^{B'}=[(2\alpha+\vartheta\zeta)(P_2^{A'}-P_1^{A'})+\zeta P_1^{A'}(2\alpha+\zeta)+2t(P_2^{B'}-P_1^{B'})+2t\zeta P_1^{B'}$$
$$+2(\alpha^2-t^2)-\vartheta\zeta(t-3\alpha)]/[\vartheta^2\zeta^2+4\vartheta\zeta\alpha+4(\alpha^2-t^2)]$$

平台 1 和平台 2 的利润函数分别为：

$$\pi_1'=(1-\zeta)P_1^{A'}n_1^{A'}+(1-\zeta)P_1^{B'}n_1^{B'}$$
$$\pi_2'=P_2^{A'}n_2^{A'}+P_2^{B'}n_2^{B'}$$

将用户数量代入两平台利润函数，并分别关于消费者和商户的价格求取一阶导数，使 $\dfrac{\partial \pi_i'}{\partial P_i^{A'}}=0$、$\dfrac{\partial \pi_i'}{\partial P_i^{B'}}=0$，可得两平台厂商对消费者和商户的定价分别为：

$$P_1^{A'}=\dfrac{\alpha-t}{\zeta-1}+\dfrac{\vartheta\zeta}{3(\zeta-1)}$$

$$P_1^{B'}=\dfrac{\alpha-t}{\zeta-1}+\dfrac{\vartheta\zeta}{3(\zeta-1)}$$

$$P_2^{A'}=t-\alpha-\dfrac{2\vartheta\zeta}{3}$$

$$P_2^{B'}=t-\alpha-\dfrac{2\vartheta\zeta}{3}$$

平台两边的用户数量分别为：

$$n_1^{A'}=\dfrac{1}{2}+\dfrac{\vartheta\zeta}{12(t-\alpha)-6\vartheta\zeta}$$

$$n_2^{A'}=\dfrac{1}{2}-\dfrac{\vartheta\zeta}{12(t-\alpha)-6\vartheta\zeta}$$

$$n_1^{B'}=\dfrac{1}{2}+\dfrac{\vartheta\zeta}{12(t-\alpha)-6\vartheta\zeta}$$

$$n_2^{B'}=\dfrac{1}{2}-\dfrac{\vartheta\zeta}{12(t-\alpha)-6\vartheta\zeta}$$

两平台的利润为：

$$\pi_1'=\dfrac{2[3(\alpha-t)+\vartheta\zeta]^2}{18(t-\alpha)-9\vartheta\zeta}$$

$$\pi'_2 = \frac{2[3(\alpha-t)+2\vartheta\zeta]^2}{18(t-\alpha)-9\vartheta\zeta}$$

平台 1 的补贴系数 ζ 需要满足 $n_1^{A'}>0$、$n_2^{A'}>0$、$n_1^{B'}>0$、$n_2^{B'}>0$ 以及 $\zeta>1$，从而可以求得平台 1 的补贴系数的取值范围为 $\zeta\in\left[1,\frac{3(t-\alpha)}{2\vartheta}\right]$ 或 $\zeta\in\left[\frac{3(t-\alpha)}{2\vartheta},+\infty\right]$。根据平台两边用户数量，可以求得当 $\zeta=\frac{3(t-\alpha)}{2\vartheta}$ 时，$n_1^{A'}$、$n_1^{B'}$ 取值为 1，$n_2^{A'}$、$n_2^{B'}$ 取值为 0，即平台 1 已经获取了全部用户。基于理性的选择，平台 1 没有动机实行更高的补贴，因此，接下来将基于平台 1 的补贴范围为 $\left[1,\frac{3(t-\alpha)}{2\vartheta}\right]$ 时进行研究。

通过对 π'_1 求一阶导数可得知，平台的利润呈现先下降后上升的趋势，当 $\zeta=\frac{2(t-\alpha)}{\vartheta}$ 时，π'_1 取值最小。对 π'_2 求一阶导数得知，平台 2 的利润随着平台 1 的补贴力度不断加大而呈现利润下降的趋势，直至利润为零。为更直观地研究用户数量和利润与补贴之间的关系，本章将使用数值模拟方法对两平台的用户数量和利润的变化进行研究。在交叉网络外部性取值上，借鉴曲创和刘洪波（2018）对交叉网络外部性取值范围的研究，对交叉网络外部性 α 取值为 0.3。不失一般性，假设 $t=1$、$\vartheta=0.2$，可得 $\frac{3(t-\alpha)}{2\vartheta}=5.25$，选取 $\zeta\in[1,5.25]$，使用 MATLAB 软件对平台用户数量和利润进行数值模拟，模拟结果见图 4-1 和图 4-2。

从图 4-1 和图 4-2 可以看出，随着平台 1 用户补贴的提高，平台 1 两边的用户数量呈现上升趋势，平台 2 两边的用户数量呈现下降趋势；平台 1 的利润随着补贴的提升而首先呈现下降趋势，但当补贴继续增大，平台 1 的利润会呈现上升的趋势，且上升的速度在逐渐加快；平台 2 的利润随着平台 1 用户补贴的提高而呈现下降趋势。

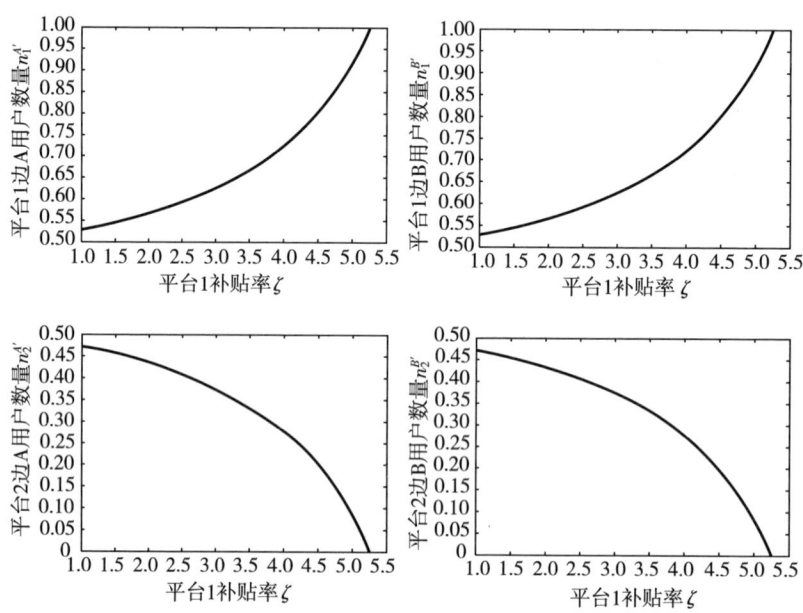

图 4-1　平台 1 实行用户补贴时两平台的用户数量变化

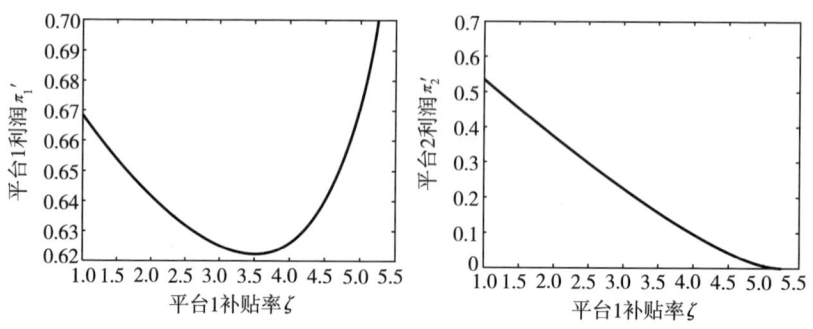

图 4-2　平台 1 和平台 2 的利润曲线变化

由于补贴对利润的挤出作用，平台利润曲线随补贴力度提升而呈现下降趋势，但用户补贴的提高使平台 1 可以获取用户规模的增长，而用户规模的扩大是平台 1 未来获取利润的契机，因此随着补贴力度的提升，平台厂商可以凭借显著的用户规模优势获取较高的利润。相比较之下，平台 2 的用户规模因平台 1 用户补贴的提高而缩小，平台 1 的用户补贴力度越大，平台 1 的用户规模优势逐渐增大，平台 2 的用户规模将逐渐萎缩，直至当 $\zeta = \dfrac{3(t-\alpha)}{2\vartheta}$ 时用户份额完全被平台 1 尽数夺去，平台 2 的用户数量归为零，失去了获取利润的契机，最终将面临退出市场的结局。由此，可以得到结论 4-1。

结论 4-1：平台厂商可以通过补贴策略增强用户规模竞争优势。当平台的用户补贴在 $\left[1, \dfrac{3(t-\alpha)}{2\vartheta}\right]$ 范围内增长时，未实行补贴的平台的用户规模将逐渐萎缩。

与不实行补贴策略的情形相比，平台 1 通过实行补贴降低了定价，扩大了用户规模，当平台 1 独占市场后，盈利水平与两平台均不实行补贴的利润相同。将两平台的用户数量和利润分别与模型第一种情形下的用户数量和利润作差，可以得到：

$$n_1^{A'} - n_1^A = \dfrac{\vartheta\zeta}{12(t-\alpha) + 6\vartheta\zeta}$$

$$n_2^{A'} - n_2^A = \dfrac{\vartheta\zeta}{12(\alpha-t) + 6\vartheta\zeta}$$

$$n_1^{B'} - n_1^B = \dfrac{\vartheta\zeta}{12(t-\alpha) + 6\vartheta\zeta}$$

$$n_2^{B'} - n_2^B = \dfrac{\vartheta\zeta}{12(\alpha-t) + 6\vartheta\zeta}$$

$$\pi_1' - \pi_1 = -\dfrac{\vartheta\zeta}{6} - \dfrac{\vartheta^2\zeta^2}{36(\alpha-t) + 18\vartheta\zeta}$$

$$\pi_2' - \pi_2 = -\dfrac{5\vartheta\zeta}{6} - \dfrac{\vartheta^2\zeta^2}{36(\alpha-t) + 18\vartheta\zeta}$$

为直观地研究补贴对用户数量和利润的影响，仍通过数值模拟方法进行分析。令参数取值与前文相同，模拟结果如表 4-1 所示。

表 4-1　　平台 1 补贴时两平台的用户数量和利润变化

补贴系数 ζ	$n_1^{A'}-n_1^A$	$n_1^{B'}-n_1^B$	$n_2^{A'}-n_2^A$	$n_2^{B'}-n_2^B$	$\pi_1'-\pi_1$	$\pi_2'-\pi_2$
1.0	>0, *	>0, *	>0, *********	>0, *********	>0, ********	<0, *
1.5	>0, **	>0, **	>0, *******	>0, *******	>0, *******	<0, **
2.0	>0, ***	>0, ***	>0, ******	>0, ******	>0, ******	<0, ***
2.5	>0, ****	>0, ****	>0, *****	>0, *****	>0, *****	<0, ****
3.0	>0, *****	>0, *****	>0, ****	>0, ****	>0, ****	<0, *****
3.5	>0, ******	>0, ******	>0, ***	>0, ***	>0, ***	<0, ******
4.0	>0, *******	>0, *******	>0, **	>0, **	>0, **	<0, *******
4.5	>0, ********	>0, ********	>0, *	>0, *	>0, *	<0, ********
5.0	>0, *********	>0, *********	<0, *	<0, *	>0, *	<0, *********
5.25	>0, **********	>0, **********	<0, *	<0, *	>0, **********	<0, **********

注：*代表变化程度，*越多代表变化程度越大，*越少代表变化程度越小。

从表 4-1 可以看出，与第一种情形相比，平台 1 在实行用户补贴后两边的用户数量都呈现上升的趋势，平台 2 两边的用户数量都呈现下降的趋势。随着补贴的提高，平台 1 补贴后的利润首先出现降低趋势，但随着补贴的继续提高平台 1 的利润将逐渐提升。平台 1 实行用户补贴时平台 2 的利润与平台 1 不实行用户补贴时平台 2 的利润差距逐渐加大。随着补贴力度提升，扩大的用户规模将逐渐成为平台厂商提高获利能力的资本，尤其当补贴比例超过临界后，厂商的盈利水平便出现回升。平台 1 的补贴策略使竞争对手平台 2 遭受冲击，导致平台 2 的用户数量不断减少，用户规模趋向萎缩，获利能力下降，竞争优势大大降低。

结论 4-2：实行补贴策略的平台厂商需要承受盈利能力下降的压力，但随着用户补贴力度的上升，逐渐扩大的用户规模将促使盈利回升，同时补贴会使未实行补贴的竞争对手逐渐丧失用户规模优势，从而降低其盈利能力。

（二）两平台均补贴

接下来分析第二种情形，即两平台为扩大用户规模均实行用户补贴策略。此时两平台中消费者的效用函数分别为：

$$u_1^{A''} = v + (\alpha + \vartheta \zeta_1) n_1^{B''} - (1 - \zeta_1) P_1^{A''} - t x_A \quad (4-18)$$

$$u_2^{A''} = v + (\alpha + \vartheta \zeta_2) n_2^{B''} - (1 - \zeta_2) P_2^{A''} - t(1 - x_A) \quad (4-19)$$

当两平台的消费者效用相等即 $u_1^A = u_2^A$ 时，可以求得无差异消费者 x_A：

$$x_A = \frac{1}{2} + \frac{P_1^{A''}(\zeta_1 - 1) - P_2^{A''}(\zeta_2 - 1) + n_1^{B''}(\alpha + \vartheta \zeta_1) - n_2^{B''}(\alpha + \vartheta \zeta_2)}{2t}$$

两平台中商户的效用函数分别为：

$$u_1^{B''} = v + (\alpha + \vartheta \zeta_1) n_1^{A''} - (1 - \zeta_1) P_1^{B''} - t x_B \quad (4-20)$$

$$u_2^{B''} = v + (\alpha + \vartheta \zeta_2) n_2^{A''} - (1 - \zeta_2) P_2^{B''} - t(1 - x_B) \quad (4-21)$$

当两平台中商户效用相等即 $u_1^B = u_2^B$ 时，可以求得无差异商户 x_B：

$$x_B = \frac{1}{2} + \frac{P_1^{B''}(\zeta_1 - 1) - P_2^{B''}(\zeta_2 - 1) + n_1^{A''}(\alpha + \vartheta \zeta_1) - n_2^{A''}(\alpha + \vartheta \zeta_2)}{2t}$$

两平台的消费者和商户数量为：

$$n_1^{A''} = \frac{1}{2} + \frac{P_1^{A''}(\zeta_1-1) - P_2^{A''}(\zeta_2-1) + n_1^{B''}(\alpha+\vartheta\zeta_1) - n_2^{B''}(\alpha+\vartheta\zeta_2)}{2t}$$

$$n_2^{A''} = \frac{1}{2} - \frac{P_1^{A''}(\zeta_1-1) - P_2^{A''}(\zeta_2-1) + n_1^{B''}(\alpha+\vartheta\zeta_1) - n_2^{B''}(\alpha+\vartheta\zeta_2)}{2t}$$

$$n_1^{B''} = \frac{1}{2} + \frac{P_1^{B''}(\zeta_1-1) - P_2^{B''}(\zeta_2-1) + n_1^{A''}(\alpha+\vartheta\zeta_1) - n_2^{A''}(\alpha+\vartheta\zeta_2)}{2t}$$

$$n_2^{B''} = \frac{1}{2} - \frac{P_1^{B''}(\zeta_1-1) - P_2^{B''}(\zeta_2-1) + n_1^{A''}(\alpha+\vartheta\zeta_1) - n_2^{A''}(\alpha+\vartheta\zeta_2)}{2t}$$

平台 1 和平台 2 的利润分别为：

$$\pi_1'' = (1-\zeta_1) P_1^{A''} n_1^{A''} + (1-\zeta_1) P_1^{B''} n_1^{B''}$$

$$\pi_2'' = (1-\zeta_2) P_2^{A''} n_2^{A''} + (1-\zeta_2) P_2^{B''} n_2^{B''}$$

联立用户数量表达式，代入两平台利润函数式，分别关于消费者和商户的价格求取一阶导数，并令 $\frac{\partial \pi_i''}{\partial P_i^{A''}} = 0$、$\frac{\partial \pi_i''}{\partial P_i^{B''}} = 0$，可以得到两平台厂商对消费者和商户的定价分别为：

$$P_1^{A''} = \frac{3(\alpha-t) + \vartheta(\zeta_1+2\zeta_2)}{3(\zeta_1-1)}$$

$$P_2^{A''} = \frac{3(\alpha-t) + \vartheta(2\zeta_1+\zeta_2)}{3(\zeta_1-1)}$$

$$P_1^{B''} = \frac{3(\alpha-t) + \vartheta(\zeta_1+2\zeta_2)}{3(\zeta_1-1)}$$

$$P_2^{B''} = \frac{3(\alpha-t) + \vartheta(2\zeta_1+\zeta_2)}{3(\zeta_1-1)}$$

平台两边的用户数量分别为：

$$n_1^{A''} = \frac{1}{2} - \frac{\vartheta(\zeta_1-\zeta_2)}{12(\alpha-t) + 6\vartheta(\zeta_1+\zeta_2)}$$

$$n_2^{A''} = \frac{1}{2} + \frac{\vartheta(\zeta_1-\zeta_2)}{12(\alpha-t) + 6\vartheta(\zeta_1+\zeta_2)}$$

$$n_1^{B''} = \frac{1}{2} - \frac{\vartheta(\zeta_1-\zeta_2)}{12(\alpha-t) + 6\vartheta(\zeta_1+\zeta_2)}$$

$$n_2^{B''} = \frac{1}{2} + \frac{\vartheta(\zeta_1-\zeta_2)}{12(\alpha-t)+6\vartheta(\zeta_1+\zeta_2)}$$

要确保平台的用户数量和定价大于零，需满足条件 $2\zeta_1+\zeta_2 > \frac{3(t-\alpha)}{\vartheta}$，$\zeta_1+2\zeta_2 > \frac{3(t-\alpha)}{\vartheta}$，$\zeta_1+\zeta_2 > \frac{2(t-\alpha)}{\vartheta}$，或 $2\zeta_1+\zeta_2 < \frac{3(t-\alpha)}{\vartheta}$，$\zeta_1+2\zeta_2 < \frac{3(t-\alpha)}{\vartheta}$，$\zeta_1+\zeta_2 < \frac{2(t-\alpha)}{\vartheta}$。

两平台在同一边的用户数量之差为：

$$n_1^{A''} - n_2^{A''} = \frac{\vartheta(\zeta_1-\zeta_2)}{6(t-\alpha)-3\vartheta(\zeta_1+\zeta_2)} \tag{4-22}$$

$$n_1^{B''} - n_2^{B''} = \frac{\vartheta(\zeta_1-\zeta_2)}{6(t-\alpha)-3\vartheta(\zeta_1+\zeta_2)} \tag{4-23}$$

从式（4-22）和式（4-23）可以看出，用户数量之差与补贴系数密切相关。当 $\zeta_1+\zeta_2 < \frac{2(t-\alpha)}{\vartheta}$ 时，若平台1的补贴系数大于平台2，则平台1的用户数量多于平台2；若平台1补贴系数小于平台2，则平台1的用户数量小于平台2；若两平台补贴系数相等，则两平台平分市场的用户数量。在两个平台均实行补贴的市场中，补贴力度将成为形成用户规模优势的关键，平台厂商用户数量会随着补贴力度的提高而增加。若平台1实行用户补贴而平台2无力实行同等补贴，平台2的用户规模会缩小；若平台1持续性地进行大额补贴，则平台2的用户规模极有可能萎缩甚至最终退出市场。资本实力雄厚的在位者在利润下降甚至亏损后仍进行持续性大额补贴将会极大地增加竞争者的竞争压力和进入者的进入难度，从而对市场进入形成一定的阻碍作用。

结论4-3：当两平台实行"对等补贴"策略，即两平台对同一边的用户补贴率相同时，补贴不会影响平台厂商的市场份额占比；当两平台的补贴力度非对称时，补贴较高的一方会获得更高的市场份额。

二 平台用户补贴、用户规模与进入壁垒

平台的用户数量直接关联平台利润的获取。在两平台都实行补贴时，平台的利润与自身的补贴率及竞争对手的补贴率具有紧密的关联。两平台的利润函数与偏导数为：

$$\pi_1'' = \frac{2[3(\alpha-t)+\vartheta(\zeta_1+2\zeta_2)]^2}{18(\alpha-t)+9\vartheta(\zeta_1+\zeta_2)} \tag{4-24}$$

$$\pi_2'' = \frac{2[3(\alpha-t)+\vartheta(2\zeta_1+\zeta_2)]^2}{18(\alpha-t)+9\vartheta(\zeta_1+\zeta_2)} \tag{4-25}$$

$$\frac{\partial \pi_1''}{\partial \zeta_1} = \frac{2\vartheta(\alpha-t+\vartheta\zeta_2)^2}{9(2\alpha-2t+\vartheta\zeta_1+\vartheta\zeta_2)^2} - \frac{2\vartheta}{9} \tag{4-26}$$

$$\frac{\partial \pi_1''}{\partial \zeta_2} = \frac{2\vartheta(\alpha-t+\vartheta\zeta_1)^2}{9(2\alpha-2t+\vartheta\zeta_1+\vartheta\zeta_2)^2} - \frac{2\vartheta}{9} \tag{4-27}$$

在式（4-24）至式（4-27）中，通过计算可知，当 $\zeta_1+\zeta_2<\frac{2(t-\alpha)}{\vartheta}$ 时，平台的利润在自身补贴率上升的过程中经历了先下降后上升的过程；当 $\zeta_1=\frac{(t-\alpha)}{\vartheta}$ 时，平台 1 利润最小，随后逐渐增大；当 $\zeta_2=\frac{(t-\alpha)}{\vartheta}$ 时，平台 2 利润最小，随后逐渐增大。为更直观地研究平台利润的变化，本部分同样使用数值模拟的方法研究用户补贴与利润的关系。t、α 和 ϑ 取值与前文相同，当 $\zeta_1+\zeta_2<\frac{2(t-\alpha)}{\vartheta}$ 时，$\zeta_1+\zeta_2<7$。因两平台的补贴情形相同，本部分以平台 2 为例探究利润与自身补贴的关系，假设此时 $\zeta_1=2$，ζ_2 与 π_2'' 之间的关系如图 4-3 所示。

可以看出，在竞争对手补贴一定的前提下，两平台的利润水平在自身补贴力度增加时呈现先下降后上升的趋势，即平台厂商的利润与用户补贴开始时呈负相关，随着补贴增大，平台厂商的利润与用户补贴呈正相关关系。由此可知，平台厂商为获取高额利润有动机实行大额补贴，若竞争者或进入者的补贴水平较低或不能持续，将无法有效地扩大用户规模，因此竞争者或进入者可能对实力较强厂商的高额补贴束手无策。从该角度而言，在位者的持续性大额补贴具有妨碍竞争的作用，能够形成事实上的进入壁垒。在位平台意识到市场有进入者时会策略性地提高补贴力度以牢牢掌握用户，从而使进入者"望而却步"，成功阻碍进入后，在位平台可以相机而动对补贴力度进行策略性调整。

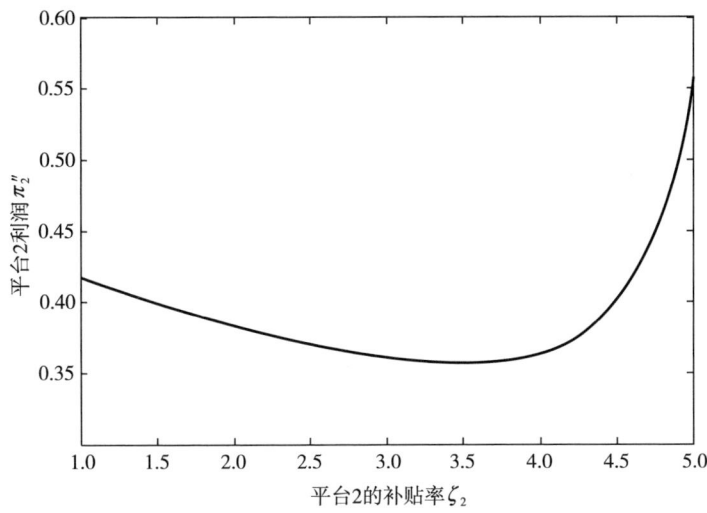

图 4-3　平台 2 的补贴与其利润的关系

平台厂商实施用户补贴策略有利于增加用户数量，扩大自身的用户规模竞争优势，增加竞争对手的竞争压力。尽管平台厂商在此过程中通常需要承受盈利下降甚至亏损的压力，但随着用户补贴力度的上升，逐渐扩大的用户规模将可能促使盈利回升。市场中各平台实行补贴策略大致有两种情形，一是各平台实行相同的补贴策略，二是各平台实行不相同的补贴策略。第一种情形下，各厂商相同的补贴不会改变各自的市场份额占比，各厂商均通过用户补贴吸引用户的参与；第二种情形下，各平台之间不相同的补贴力度会改变各自的市场份额占比，其中，补贴较高的平台会获得更高的市场份额，补贴较低的平台会获得更少的市场份额。在这种情形下，实力较强的平台厂商为扩大市场份额便有动机实行持续性的大额补贴策略，而实力相对较弱的竞争者或新进入者面对大额补贴策略往往束手无策。实力较强的平台实行持续性的大额补贴会挤压实力较弱的平台的生存空间，且可以策略性地调整补贴力度以提高市场的进入难度，即当市场中存在进入者时，实力较强的在位者策略性地提高补贴力度，而当进入者知难而退后，实力较强的在位者再策略性地降低或停止补贴。因此，平台厂商持续的大额补贴具有提升市场进入难度、妨碍市场的公平与竞争的作用,能够形成事实上的进入壁垒,这是平台厂商通过补贴方式扩大用户规模容易引起反垄断相关部门关注的重要原因。

第三节 平台"用户迁移"的用户规模扩大效应

平台厂商可以从零开始扩大用户数量,解决"鸡蛋相生"的协调难题,在保障平台基本生存条件的基础上继续扩大用户规模,形成更大的竞争优势。事实上,平台厂商对用户数量的积累也可以不从零开始,如平台厂商将原有市场积累的用户数量"迁移"至新市场以迅速增强自身的竞争优势。本节通过构建理论模型探究"用户迁移"方式对平台定价、平台用户规模等方面的影响。

一 用户迁移理论模型

本节在 Armstrong(2006)的模型基础上构建理论模型对平台厂商的进入方式进行分析。如图4-4所示,假设市场中存在两个平台厂商 A 和 B,二者相互竞争;平台两边的用户分别为商户和消费者,且两边用户都是单归属;两平台在商户一边的用户数量分别为 n_1^A 和 n_1^B,在消费者一边的用户数量分别是 n_2^A 和 n_2^B;两平台在两边用户之间存在交叉网络外部性,消费者一边对商户一边的交叉网络外部性强度系数为 α_1,商户一边对消费者一边的交叉网络外部性强度系数为 α_2,且 $0<\alpha_1<\alpha_2<1$;平台对两边用户的定价分别为 P_1^A、P_1^B 和 P_2^A、P_2^B。

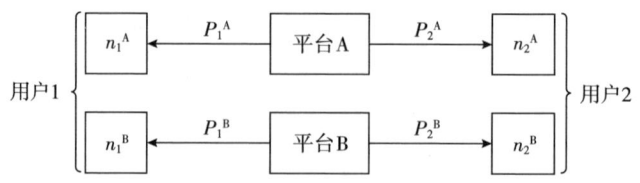

图4-4 平台竞争结构示意

资料来源:笔者自制。

根据假设，两平台商户和消费者的效用函数可以分别表示为（$i = A, B$）：

$$u_1^i = \alpha_1 n_2^i - P_1^i \tag{4-28}$$

$$u_2^i = \alpha_2 n_1^i - P_2^i \tag{4-29}$$

根据双边市场的交叉网络外部性，平台一边用户数量的增加可以提高另一边用户使用此平台所获得的效用，因此根据效用函数，消费者数量增加时商户效用的增加、商户数量增加时消费者效用的增加可以分别表示为：

$$\Delta u_1^i = \alpha_1 \Delta n_2^i \tag{4-30}$$

$$\Delta u_2^i = \alpha_2 \Delta n_1^i \tag{4-31}$$

假设平台两边用户对自身效用的敏感度为 M[①]，则消费者效用提高所带来的消费者数量增加、商户效用提高所带来的商户数量增加可以分别表示为：

$$\Delta n_1^i = M \Delta u_1^i \tag{4-32}$$

$$\Delta n_2^i = M \Delta u_2^i \tag{4-33}$$

假设平台 A 在商户一边通过"用户迁移"使商户数量由 0 增加为 1，即 $\Delta n_1^A = 1$，则根据式（4-31）可知，消费者一边用户效用增加为 $\Delta u_2^A = \alpha_2 \Delta n_1^A = \alpha_2$，根据式（4-33），消费者一边效用提高所带来此边用户数量增加为 $\Delta n_2^A = M \Delta u_2^A = M\alpha_2$。换言之，当商户数量增加一个时，在其为平台提供产品的过程中消费者数量会增加 $M\alpha_2$ 个，平台两边用户数量共增加 $1 + M\alpha_2$ 个。通过以上分析可知，平台厂商通过"用户迁移"使一边用户数量增加可以提高平台另一边用户的效用水平，效用水平的提高又直接刺激了此边用户数量的增加，在交叉网络外部性作用下，平台两边的用户规模都得到扩大，最终促使平台实现正反馈效应。

假设平台 A 在消费者一边通过"用户迁移"使消费者数量由 0 增加为 1，即 $\Delta n_2^A = 1$，则根据式（4-30）可知商户一边用户效用增加为 $\Delta u_1^A = \alpha_1 \Delta n_2^A = \alpha_1$，根据式（4-32），商户一边效用提高所带来此边用

---

① 为简便分析，不具体区分两边用户对其自身的效用函数的敏感度。

户数量增加为 $\Delta n_1^A = M\Delta u_1^A = M\alpha_1$，即当消费者数量增加一个时，商户边用户数量会增加 $M\alpha_1$ 个，平台用户数量一共增加 $1+M\alpha_1$ 个。通过以上分析可知，平台厂商通过"用户迁移"可以使平台一边用户数量增加，同时平台另一边用户的效用水平得到提高，效用水平的提高又刺激此边用户数量的增加，在交叉网络外部性作用下，平台最终实现正反馈效应。

下面探究"用户迁移"方式对平台定价的影响。假设 t_1 和 t_2 为商户之间和消费者之间在平台两边的转移成本，以商户一边为例，商户选择平台 A 所获得的效用为 u_1^A，商户由平台 A 转移到平台 B，则效用变为 $u_1^A - t_1 n_1^A$，与此类似，消费者选择平台 B 所获得的效用为 u_1^B，消费者由平台 B 转移到平台 A，则效用变为 $u_1^B - t_1 n_1^B$，因此无差异用户为：

$$u_1^A - t_1 n_1^A = u_1^B - t_1 n_1^B \tag{4-34}$$

因 $n_1^A + n_1^B = 1$，式（4-34）可以写为：

$$u_1^A - t_1 n_1^A = u_1^B - t_1(1 - n_1^A)$$

推导可得：

$$n_1^A = \frac{1}{2} + \frac{u_1^A - u_1^B}{2t_1}$$

同理，可以求得消费者的数量。经整理，商户和消费者两边的用户数量分别为 [$i, j \in (A, B)$]：

$$n_1^i = \frac{1}{2} + \frac{u_1^i - u_1^j}{2t_1}$$

$$n_2^i = \frac{1}{2} + \frac{u_2^i - u_2^j}{2t_2}$$

化简可得到商户和消费者数量分别为：

$$n_1^i = \frac{1}{2} + \frac{\alpha_1(2n_2^i - 1) - (P_1^i - P_1^j)}{2t_1}$$

$$n_2^i = \frac{1}{2} + \frac{\alpha_2(2n_1^i - 1) - (P_2^i - P_2^j)}{2t_2}$$

平台厂商对两边收取的价格分别为 (P_1^i, P_2^j)，则市场份额为：

$$n_1^i = \frac{1}{2} + \frac{1}{2}\frac{\alpha_1(P_2^j - P_2^i) - t_2(P_1^j - P_1^i)}{t_1 t_2 - \alpha_1 \alpha_2}$$

$$n_2^i = \frac{1}{2} + \frac{1}{2}\frac{\alpha_2(P_1^j - P_1^i) + t_1(P_2^j - P_2^i)}{t_1 t_2 - \alpha_1 \alpha_2}$$

平台厂商的利润为：

$$\pi^i = P_1^i \left[\frac{1}{2} + \frac{1}{2}\frac{\alpha_1(P_2^j - P_2^i) - t_2(P_1^j - P_1^i)}{t_1 t_2 - \alpha_1 \alpha_2} \right]$$

$$+ P_2^i \left[\frac{1}{2} + \frac{1}{2}\frac{\alpha_2(P_1^j - P_1^i) + t_1(P_2^j - P_2^i)}{t_1 t_2 - \alpha_1 \alpha_2} \right] \quad (4-35)$$

求初始价格以对比探讨平台厂商在使用"用户迁移"竞争策略下改变转移成本从而影响价格的能力，因两个竞争性平台在进行利润最大化决策过程中均假定对方两边为利润最大化价格，将两平台两边的价格视作等同，即 $P_1^i = P_1^j = P_1$，$P_2^i = P_2^j = P_2$，故利润最大化条件为：

$$\frac{\partial \pi^i}{\partial P_1} = \frac{\partial \pi^i}{\partial P_2} = 0$$

经计算整理可得：

$$P_1 = t_1 - \frac{\alpha_2}{t_2}(\alpha_1 + P_2) \quad (4-36)$$

$$P_2 = t_2 - \frac{\alpha_1}{t_1}(\alpha_2 + P_1) \quad (4-37)$$

联立式（4-36）、式（4-37）并经进一步求解可得：

$$P_1 = t_1 - \alpha_2 \quad (4-38)$$

$$P_2 = t_2 - \alpha_1 \quad (4-39)$$

从式（4-38）、式（4-39）中可发现，t_i（$i=1,2$）越大时 P_i 越大，二者呈正相关关系。当平台厂商"迁移"的用户数量越多时，在交叉网络外部性的作用下，用户从平台中获得的效用水平就越高，这会显著提升用户在平台之间的转换成本，而转换成本的提升能够赋予平台厂商提高定价的能力，因此平台进行"用户迁移"有利于平台厂商在扩大用户规模和提升定价能力的条件下提高平台的获利水平。

二　平台用户迁移后的市场绩效

本小节从市场份额、市场价格与市场竞争程度三个方面来阐述平台厂商进行"用户迁移"后的市场绩效。

第一，市场份额。平台厂商通过"用户迁移"使自身在新市场快速形成最低网络规模，且从原有市场"迁移"而来的用户规模越大就越有利于在交叉网络外部性的作用下促使另一边用户数量的增加，从而也就越有利于平台中产品或服务销量的增加和市场份额的提高。

第二，市场价格。由式（4-38）、式（4-39）可以看出，当 t_1 或 t_2 即平台的转移成本越大时，平台厂商提高价格的能力就越强，因此，市场价格很可能因平台厂商"迁移"而来的用户规模而打破以往统一低价或统一高价等固定不变的定价模式，平台厂商转而根据产品的质量、性能、受欢迎程度等方面对产品进行差异化定价。差异化定价可以满足消费者的不同偏好，平台厂商也可以从产品的差异化定价下获取较高的利润，并进一步提高产品或服务的质量。

第三，市场竞争。平台厂商可以通过"用户迁移"获取用户规模而增强竞争优势，这促使平台厂商形成向其他领域扩展的能力，有利于激发市场竞争的活力。根据式（4-38）、式（4-39），平台厂商的转移成本越高，其提高产品价格的能力就越强，竞争实力也就越强，也就越有能力争夺市场份额，这一定程度上能够提高市场的竞争程度。市场竞争程度的提高有利于促进各平台厂商改善产品或服务的质量，提高产品的性能，这都有助于市场绩效的提升。

通过以上分析可知，平台厂商将现有市场的用户"迁移"至新市场可以在短时间内实现平台生存所必需的最低网络规模，继而在交叉网络外部性下促使平台两边的用户规模都得到扩大，即平台厂商可通过"用户迁移"保证一边用户参与的稳定性，从而增强用户规模竞争优势。当平台厂商在一个市场中具备较大的用户规模时，平台厂商就可以通过"用户迁移"方式增强其在新市场中的用户规模竞争优势，从而使自身占据市场优势地位。

第四节 单边厂商"平台化"的用户规模扩大效应

单边厂商通过"平台化"可以转型为平台厂商。单边厂商利用自身产品优势累积的信誉效应有利于提高用户对平台的参与意愿，进而在转型时快速获取最低网络规模，促进用户规模竞争优势和盈利能力的提高。本节将对单边厂商"平台化"的方式进行分析，探究"平台化"对单边厂商形成用户规模竞争优势的作用。主要分两部分，首先分析单边厂商"平台化"的产品优势和用户优势的关系，其次考察和探究单边厂商的"平台化"对用户规模和利润的影响。

一 信誉效应影响消费者选择的机制分析

单边厂商通过"平台化"完成转型后，可以在交叉网络外部性的作用下叠加产品优势和用户优势，促进用户效用水平的提高，进而强化用户规模优势。如图4-5所示，单边厂商通常自行控制采购、配送等环节，从进货到销售各个环节的掌控使单边厂商的产品具有一定的质量保证，从而逐渐形成信誉。单边厂商在"平台化"过程中，厂商能够叠加产品优势与用户优势，使产品优势得以延续形成"平台自营"模块，用户优势的扩大形成了商户参与下的"第三方"业务模块。平台自营与第三方之间存在竞争关系，但产品优势和用户优势的叠加又使二者相互促进，使平台在信誉效应和用户规模扩张的条件下提高平台销量和收益，从而促进用户规模竞争优势的进一步强化，典型例证如京东商城、国美在线和苏宁易购。以京东商城为例，其从传统零售商转向"平台化"时延续了产品优势形成"京东自营"，与此同时吸引商户参与形成"第三方"业务，形成了目前京东商城的混合经营的模式。在收入来源方面，转型后的平台收入主要来自两方面，一是平台厂商作为用户之间的中间媒介向用户收取接入费用、服务费用或者分成等收入；二是平台自营产品或服务的销售收入。事实上，单边厂商"平台化"也存在不保留自营业务的"平台化",彻底转型为消费者与第三方商户的中间媒介,相比存在"平台自营"的"平台化"更趋简洁,收入来源较为单一,多数来自向用户收取的接入费用、服务费用或者分成等收入。无论是否保留产品业务,单边厂商的"平台化"都将着眼点逐渐从单纯的"产品"向"用户"方向转变。

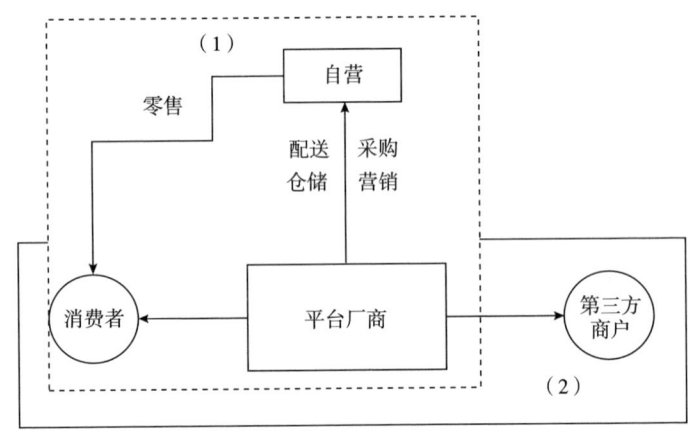

图 4-5　单边厂商的"平台化"

资料来源:笔者自制。

二　单边厂商平台化理论模型

本小节构建理论模型对单边厂商"平台化"的用户规模竞争方式进行分析,探究"平台化"对增强平台用户规模优势的作用及对平台和第三方商户利润的影响。

假设某单边厂商以"平台化"方式转型为平台厂商,转型后包含"平台自营"和"第三方"业务。假设整个消费者规模为1,均匀分布在[0,1]区间上,其中 $x=0$ 为平台自营的商品, $x=1$ 为第三方商户的商品。消费者越靠近 $x=0$,即越倾向于购买平台自营的商品,越靠近 $x=1$,越倾向于购买第三方商户的商品。平台自营商品价格为 P_1 ,第三方商户商品价格为 P_2 ,假设相同商品的自营价格要高于第三方商户的价格,即 $P_1>P_2$ 。第三方商户需与平台厂商进行收入分成,假设平台厂商的分成比例为 R ($R \in [0, 1]$)。消费者在平台自营与第三方之间的选择中存在直接网络效应,即购买平台自营商品的消费者越多,就越会吸引更多的消费者购买平台自营商品,第三方情形亦是如此。因此,本小节假设购买平台自营商品的消费者的直接网络外部性为 β_1,购买第三方商品的消费者的直接网络外部性为 β_2。此外,根据现实情形假设消费者接入平台的费用为零。

信誉效应会显著地影响消费者的选择和效用水平的提升。平台自营所依托的是单边厂商在"平台化"以前较高的产品或服务质量所形成的信誉,本小节假设平台自营的信誉效应高于第三方商户的信誉效应,即第三方商户的信誉效应为 v,平台自营的信誉效应为 δv ($\delta > 1$)。在不同的信誉效应条件下,平台自营较高的信誉效应能够促使消费者获得更高的用户体验,因此假设平台自营和第三方商品定价的影响系数分别为 r_1 和 r_2 ($0 < r_2 < r_1 < 1$),以 $r_1 P_1$ 和 $r_2 P_2$ 分别表示平台自营定价和第三方商品定价对消费者效用的溢出作用。

为模型推导简便,本小节将平台自营和第三方商户的成本视作零。令 t 为消费者在平台自营商品和第三方商品之间的转换成本。为避免出现平台自营和第三方完全占据平台中消费者的情形,假设 $t > 2\beta_i$ ($i=1, 2$)。

基于以上假设,位于 x 处的消费者购买平台自营商品和第三方商户商品的效用分别为:

$$u_1 = \delta v - P_1 + \beta_1 x + r_1 P_1 - tx \tag{4-40}$$

$$u_2 = v - P_2 + \beta_2 (1-x) + r_2 P_2 - t(1-x) \tag{4-41}$$

令式(4-40)与式(4-41)相等,即假设消费者购买平台自营和第三方商户的商品所获得的效用相等,可得 $x = \dfrac{P_1(1-r_1) - P_2(1-r_2) - t + v(1-\delta) + \beta_2}{\beta_1 + \beta_2 - 2t}$,由此可以得到平台中购买自营商品和第三方商户商品的消费者的份额分别为:

$$q_1 = \frac{P_1(1-r_1) - P_2(1-r_2) + v(1-\delta) + \beta_2 - t}{Z} \tag{4-42}$$

$$q_2 = \frac{-P_1(1-r_1) + P_2(1-r_2) - v(1-\delta) + \beta_1 - t}{Z} \quad (4-43)$$

其中，$Z = \beta_1 + \beta_2 - 2t < 0$。

平台利润为平台自营的商品销售利润 P_1q_1 和平台从第三方获得的分成收入 RP_2q_2 之和；第三方商户的利润为商品的销售利润 P_2q_2 与向平台支付的分成 RP_2q_2 之差。两者分别为：

$$\pi_1 = P_1q_1 + RP_2q_2$$

$$\pi_2 = P_2q_2 - RP_2q_2$$

将平台自营和第三方商户各自的消费者份额代入利润函数，分别对 P_1 和 P_2 求导，并令 $\frac{\partial \pi_1}{\partial P_1} = 0$、$\frac{\partial \pi_2}{\partial P_2} = 0$，可以得到平台自营和第三方对商品的定价：

$$P_1 = \frac{\beta_1 + 2\beta_2 + v(1-\delta) - 3t}{3(r_1-1)} + \frac{2R[2\beta_1 + \beta_2 - v(1-\delta) - 3t]}{3R(r_1-1) + 9(r_2-1)} \quad (4-44)$$

$$P_2 = \frac{2\beta_1 + \beta_2 - v(1-\delta) - 3t}{T} \quad (4-45)$$

其中，$T = R(1-r_1) - 3(1-r_2) < 0$。

将式（4-44）、式（4-45）代入式（4-42）、式（4-43）可以得到自营商品和第三方商户商品的消费者的份额分别为：

$$q_1 = \frac{R(\beta_1+\beta_2-3t)(1-r_1) + r_2[\beta_1+2\beta_2+v(1-\delta)-3t] - v(1-\delta) - (\beta_1+2\beta_2-3t)}{ZT}$$

$$(4-46)$$

$$q_2 = \frac{(r_2-1)[2\beta_1+\beta_2-v(1-\delta)-3t]}{ZT} \quad (4-47)$$

其中，平台中第三方商户所占据的消费者份额不能为零，否则平台无法在第三方商户与消费者之间发挥中间媒介作用从而使"平台化"失败。根据 $q_2 = \frac{(r_2-1)[2\beta_1+\beta_2-v(1-\delta)-3t]}{ZT} > 0$，可以得到 $\delta < 1 + \frac{3t - 2\beta_1 - \beta_2}{v}$。

将式（4-46）、式（4-47）代入平台利润和第三方商户利润的表达式，经化简得到平台利润和第三方商户的利润分别为：

$$\pi_1 = \frac{R(r_1-1)(r_2-1)\begin{pmatrix}2\beta_1+\beta_2-\\3t-v+\delta v\end{pmatrix}^2 + \begin{bmatrix}\psi-R(r_1-1)\\(\beta_1+\beta_2-2t)\end{bmatrix}\begin{bmatrix}\psi-R(r_1-1)\\(\beta_1-t-v+\delta v)\end{bmatrix}}{(r_1-1)ZT^2}$$

$$\pi_2 = \frac{(1-R)(r_2-1)(2\beta_1+\beta_2-3t-v+\delta v)^2}{ZT^2}$$

其中，$\psi=(1-r_2)(\beta_1+2\beta_2-3t+v-\delta v)$。

因信誉效应会影响消费者的选择和效用水平的提升，本小节分别对平台自营商品的定价和消费者份额关于 δ 进行求导，分析平台自营与第三方的信誉效应差异扩大时对平台自营定价和消费者份额的影响：

$$\frac{\partial P_1}{\partial \delta} = \frac{v[R(1-r_1)+(r_2-1)]}{(r_1-1)T} > 0, \quad \frac{\partial q_1}{\partial \delta} = \frac{v(1-r_2)}{ZT} > 0$$

从上式可以看出，当平台自营商品的信誉效应增大时，自营商品的定价呈现上升的趋势，同时平台自营能够占据更大的消费者份额，这意味着单边厂商以"平台化"扩大用户规模具有先天优势，即平台自营具有较高的信誉效应。平台自营与第三方商户的信誉效应差异越大，消费者会更倾向于购买平台自营商品，从而使平台自营能够获得更大的消费者份额，并使平台自营具有提高商品定价的能力。

为更加直观地考察"平台化"方式中信誉效应和分成比例对平台厂商利润的影响，本小节使用数值模拟方法进行分析。通过在各个参数的取值范围内进行广泛取值，此处以 $\beta_1=0.25$、$\beta_2=0.2$、$v=0.4$、$t=0.7$、$r_1=0.4$、$r_2=0.3$、$R=0.3$ 为例，在前文的 $\delta<1+\frac{3t-2\beta_1-\beta_2}{v}$ 条件下可以求得 $\delta=4.5$，通过 MATLAB 软件计算并画图可得图 4-6。在分析分成比例对平台厂商利润的影响时主要分两种情形：一是平台自营具有较低的信誉效应即 δ 较低，本书以 $\delta=1.2$ 为例；二是平台自营具有较高的信誉效应即 δ 较高，本书以 $\delta=4$ 为例。使用 MATLAB 软件画图可得图 4-7。

从图 4-6 和图 4-7 可以看出，平台自营的信誉效应越大、平台分成比例越高，平台利润水平就会越大。这意味着更高的信誉效应有利于平台自营获取更多的消费者份额并促进平台整体消费者规模的扩大，进而提升平台自营销售收入水平。单边厂商通过"平台化"能够促进用户规模的扩大和平台收益的提升，产生这种影响的原因在于"平台化"方式能够充分利用平台转型前产品优势形成的高信誉效应。单边厂商累积的产品优势能够形成较高的信誉效应，从而显著地影响消费者对商品的选择和对平台的参与意愿，在交叉网络外部性的作用下，平台厂商能够基于消费者的规模吸引第三方商户参与平台。在此过程中，平台厂商叠加并融合了产品优势和用户优势，提高了两边用户（消费者和第三方商户）的效用水平，最终促使用户规模竞争优势获得进一步强化。

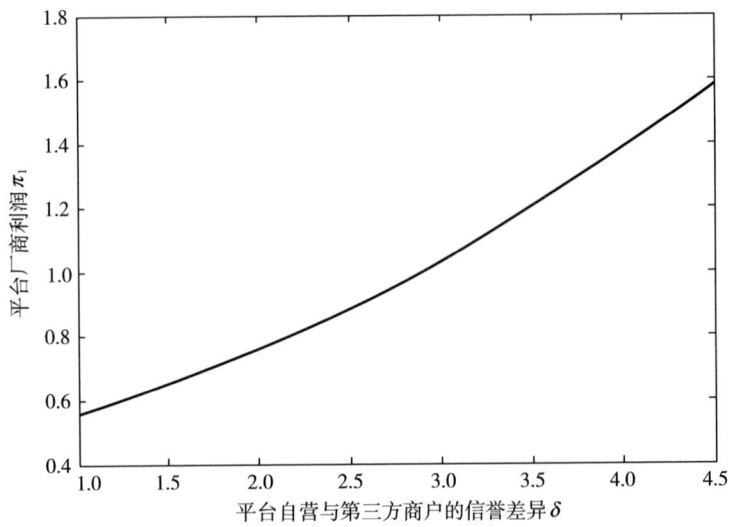

图 4-6　信誉效应差异与平台利润的关系

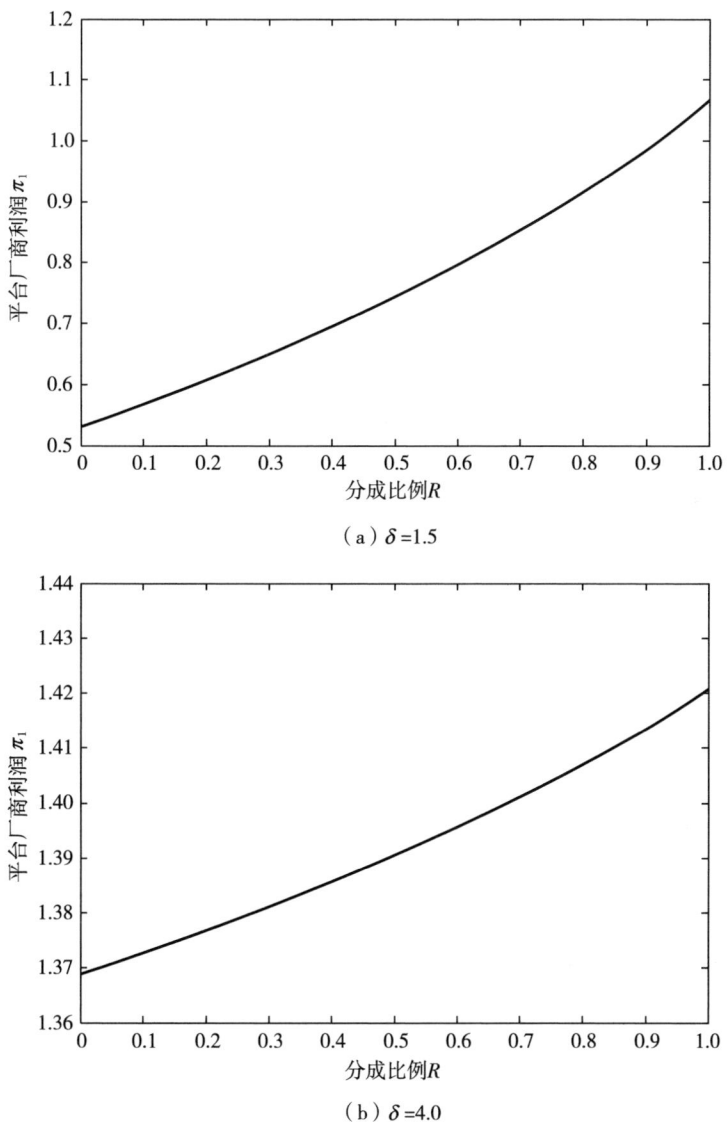

图 4-7 分成比例与平台利润的关系

结论 4-4："平台化"转型能够利用信誉优势对消费者选择的影响，提高消费者的效用水平，进而使平台在交叉网络外部性作用下增强用户规模优势。

接下来分析厂商"平台化"对第三方商户利润的影响。为与前文一致，仍以 $\beta_1=0.25$、$\beta_2=0.2$、$v=0.4$、$t=0.7$、$r_1=0.4$、$r_2=0.3$、$R=0.3$ 为例，通过 MATLAB 软件可得信誉效应差异 δ 与第三方商户的利润的关系如图 4-8 所示。

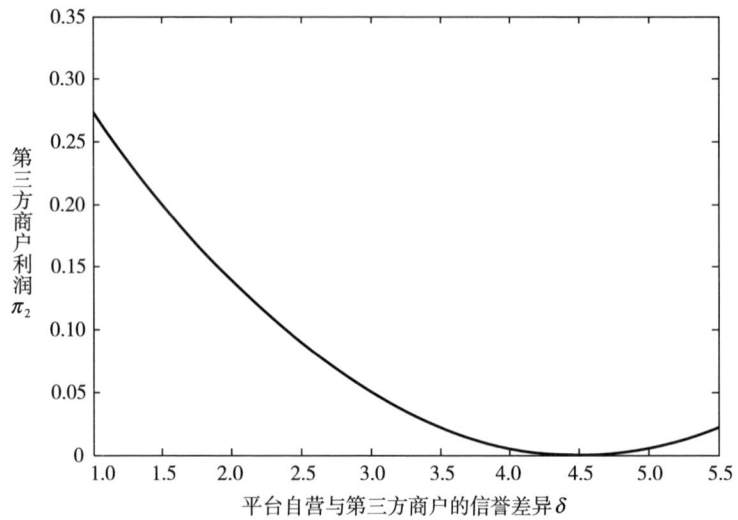

图 4-8　信誉效应差异与第三方商户的利润的关系

从图 4-8 可以看出，信誉效应差异增大时，第三方商户的利润曲线首先呈下降趋势，$\delta=4.5$ 时利润最低。这表明平台自营与第三方商户的信誉效应差异较小时，第三方商户能获得较高的利润；随着信誉效应差异的增大，第三方商户的利润会逐渐降低。

以上过程凸显了第三方商户参与平台所获得的利润受到两方面因素影响，一方面，平台自营基于更高的信誉效应能够吸引更多的消费者，从而促使自营销量扩大，使平台自营的竞争优势更强，而第三方商户则处于劣势，随着信誉效应差异的不断拉大，第三方商户的劣势会愈加显著。另一方面，"平台化"下产品优势与用户优势的叠加使两边用户的效用得以提高，用户规模优势得以强化，第三方商户可以在该过程中"搭便车"，以享受用户规模扩大所带来的红利，促使销量的扩大。第三方商户最终的利润水平取决于"搭便车"对利润的正面影响和平台自营竞争带来的负面影响相互抵消的结果。

结论 4-5：第三方商户在单边厂商"平台化"过程中可以通过"搭便车"扩大销量和提高收益，即第三方商户可以通过平台的高信誉效应接触更多的消费者。第三方商户最终的利润水平取决于"搭便车"对利润的正面影响和与平台自营竞争带来的负面影响相互抵消的结果。

基于前述分析，本小节进一步考察了信誉效应和直接网络外部性对平台利润和第三方商户利润的协同影响。仍以 $\beta_1=0.25$、$\beta_2=0.2$、$v=0.4$、$t=0.7$、$r_1=0.4$、$r_2=0.3$、$R=0.3$ 为例，通过 MATLAB 软件进行数值模拟，得到图 4-9 和图 4-10。可以看出，平台自营的信誉效应越大、消费者的直接网络外部性越强时，第三方商户的利润水平越高，对平台厂商的利润而言也是如此。

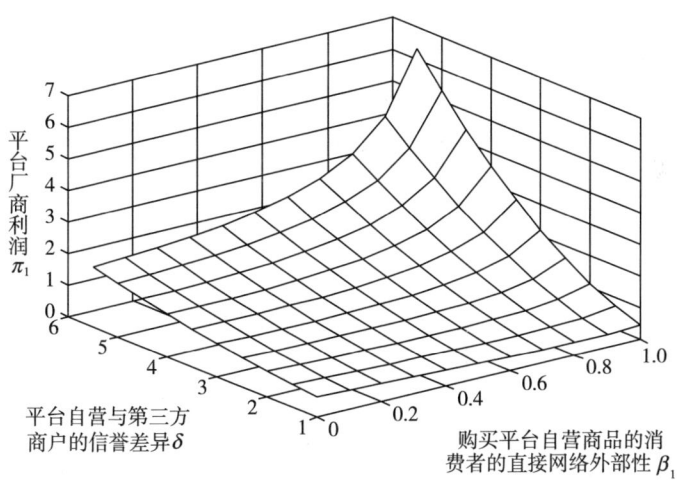

图 4-9　信誉效应、直接网络外部性与平台利润的关系

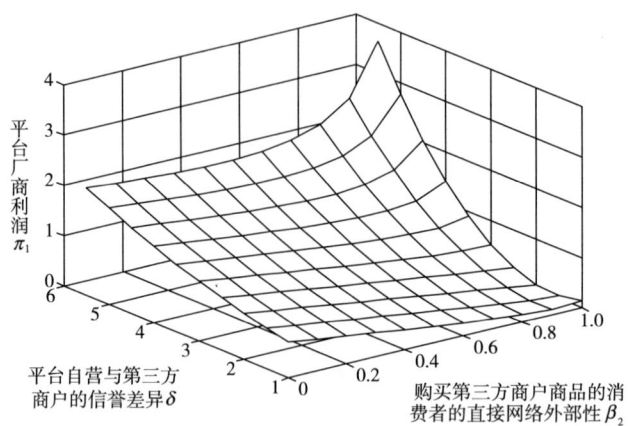

图 4-9 信誉效应、直接网络外部性与平台利润的关系（续）

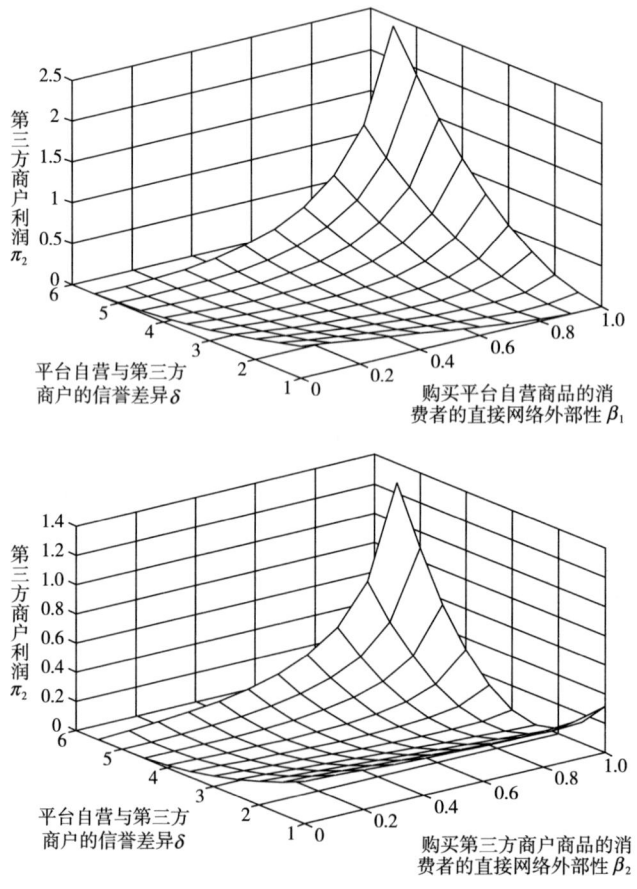

图 4-10 信誉效应、直接网络外部性与第三方商户利润的关系

从图 4-9 和图 4-10 的模拟结果可以看出，平台利润随着信誉效应差异以及购买平台自营商品的消费者的直接网络外部性强度的增大而提高。在信誉效应差异较小时，平台利润随着购买第三方商户商品的消费者的直接网络外部性强度增大而降低；信誉效应差异较大时平台利润随着购买第三方商户商品的消费者的直接网络外部性强度增大而提高。第三方商户的利润与购买第三方商户商品的消费者的直接网络外部性强度正相关，在信誉效应差异较小和购买平台自营商品的消费者的直接网络外部性强度较小时，第三方商户的利润与该二者负相关；在信誉效应差异较大和购买平台自营商品的消费者的直接网络外部性强度较大时，第三方商户的利润与该二者正相关。

平台与第三方商户的利润受到信誉效应、网络外部性等因素的影响。平台自营延续了平台厂商转型之前的产品业务，其在"平台化"过程中获得用户规模的增长，信誉优势功不可没，且当购买自营商品的消费者的直接网络外部性越强时，平台自营就越能扩大销量。平台能够吸引第三方商户参与的原因在于信誉效应对用户规模扩大的促进作用，且当购买第三方商户商品的消费者的直接网络外部性越强时，越有利于第三方商户销量的扩大和收入的增加。第三方商户对平台的参与一方面受到其与平台自营竞争对利润形成的负面影响，但另一方面高信誉效应使"搭便车"的第三方商户能接触更多的消费者，从而有利于获得更高的销量。平台自营一方面会面临第三方商户争夺消费者对平台利润形成的负面影响，另一方面第三方商户的参与使平台的产品或服务的种类大大增加，消费者在平台中的可选择范围也得以扩大，多样化的定价水平也能够吸引更多消费者参与到平台中，进一步扩大了平台的用户规模，这反过来也可促进平台自营销量的提高。综合以上分析，平台自营与第三方商户既相互竞争也相互促进，在信誉效应和直接网络外部性的共同作用下扩大销量和增加收益，最终促进了用户规模竞争优势的强化。

结论 4-6："平台化"使平台自营与第三方商户在信誉效应和直接网络外部性的作用下相互竞争，共同促进销量的提高和收益的增加，强化平台的用户规模竞争优势。

以上研究考察和评价了单边厂商"平台化"转型中的用户规模竞争。"平台化"方式能够利用平台自营的高信誉效应对消费者选择的影响，有利于吸引用户对平台的参与，使平台在网络外部性的作用下叠加产品优势和用户优势，促使平台自营与第三方商户在平台中相互竞争、相互促进，共同促进消费者效用水平的提高，最终促使平台用户规模竞争优势的进一步增强。

第五节　本章小结

本章研究了平台用户规模竞争的动机和机理，探究了互联网平台较为典型的用户规模竞争方式——"用户补贴"、"用户迁移"、单边厂商"平台化"对扩大用户规模的作用。研究表明：

第一，在交叉网络外部性的作用下，平台厂商增加用户数量能够扩大平台各边用户的匹配交易范围，促使平台形成大规模匹配交易，进而形成规模经济，提高平台经营绩效。

第二，"用户补贴""用户迁移""平台化"使平台厂商能够快速形成最低网络规模和克服协调难题，并促进用户规模优势的进一步强化。其中，"用户补贴"方式下平台厂商需承受利润被补贴挤出的影响，但随着用户补贴力度的上升，逐渐扩大的用户规模则可能使盈利回升；"用户迁移"可以使平台厂商在短时间内实现平台生存所必需的最低网络规模，继而在交叉网络外部性作用下促使平台两边的用户规模都得到扩大。单边厂商的"平台化"转型能够较好地利用平台的高信誉效应对消费者选择的影响，在交叉网络外部性和直接网络外部性作用下叠加产品优势和用户优势，扩大平台的用户规模。

第三，平台的"用户补贴"有利于平台推广平台服务快速占领市场份额。补贴的竞争方式本身并不必然引起反垄断争议，但持续性的大额补贴会显著地扭曲价格、提升市场进入难度，形成事实上的进入壁垒，进而妨碍市场竞争与公平，这是平台厂商进行"用户补贴"时容易引起反垄断争议的重要原因之一。

综上，本章的研究对平台用户规模竞争的市场监管提供了一种视角，即允许互联网平台采取多种方式扩大用户规模，但对平台扭曲市场竞争秩序的行为，如策略性使用用户补贴以扭曲价格或阻碍市场进入的行为应进行持续动态关注，并根据相关行为的结果判断是否进行监管控制。

第五章 平台用户类别竞争：理论分析

平台厂商增加用户类别使平台从双边向多边转变是平台用户竞争的另一个层面。平台厂商增加用户类别丰富了平台的服务内容，使平台厂商获得了与单纯用户数量积累不同的竞争优势。平台通过增加用户类别提高竞争优势的动机和机理是什么？平台厂商增加用户类别是否存在限制性因素？此外，根据近年来世界各主要经济体的监管实践，平台进行用户类别竞争的行为常引起市场监管机构的关注，甚至受到滥用市场势力的指控。滥用市场势力向来是厂商凭借自身的经济实力向其他厂商施加影响的"捷径"，为何平台厂商进行用户类别竞争时易于引起滥用市场势力的争议、指控甚至受到裁决？这是否与平台用户类别竞争的限制性因素有关？本章将基于双边市场理论，通过构建平台用户类别竞争模型对以上问题进行分析。

本章将首先探究平台用户类别竞争的机理，其次探讨平台用户类别竞争的限制性因素，最后剖析平台用户类别竞争中易于形成滥用市场势力行为的原因。具体结构安排如下：第一节，分析平台用户类别竞争的机理及与用户规模竞争的关联；第二节，构建用户类别竞争理论模型，探究平台新增用户类别的交叉网络外部性对平台竞争的影响；第三节，探究平台跨市场竞争的成本对平台用户类别竞争的影响；第四节，剖析平台用户类别竞争中易于形成滥用市场势力行为的原因；第五节，概括本章的主要研究结论。

第一节 用户类别竞争的机理

在前文研究的基础上，本部分对平台用户类别竞争与用户规模竞争的关系进行剖析和总结，梳理平台用户类别竞争与交叉网络外部性、用户类别外部性等诸多要素之间的关系，为下文构建平台用户类别竞争模型奠定理论基础。

一　平台用户类别竞争的机理及与用户规模竞争的关联

平台厂商通过增加用户类别可以丰富平台产品或服务种类、扩大功能范围，满足用户多样化的需求，甚至可能引导用户产生新需求，提高用户效用水平。平台用户类别的增加提升消费者效用水平主要通过两个机制实现：一是交叉网络外部性，即一边用户数量的增加对另一边用户效用的提升；二是用户类别外部性，即平台因用户类别增加从功能单一平台转型为综合化平台带来的用户的参与意愿提升。平台用户类别的丰富可促使各边用户的匹配量或交易量扩大，最终促进平台厂商收益水平的提升。

用户类别竞争与用户规模竞争是平台用户竞争的两个重要方面，二者之间关系密切。一方面，平台厂商的用户规模是进行用户类别竞争的重要前提，用户规模不仅决定了平台厂商在现有市场的市场势力，还决定着平台厂商能否通过增加用户类别向其他领域扩展。当平台厂商用户规模较大时，增加用户类别所形成的新产品或新服务就能够接触到更多用户，在交叉网络外部性和用户类别外部性的共同作用下提高用户的效用水平，促使平台获得更大规模的匹配交易，实现平台厂商在多个市场中的联合利润最大化。另一方面，平台厂商增加用户类别是用户规模扩大的重要方式。平台厂商增加用户类别，实现平台的多边转型，使平台能够满足不同类别用户的需求。平台由"一对一"的双边平台转换为"多对多"的多边平台，平台用户的效用水平受到交叉网络外部性和用户类别外部性的联合影响，从而能够进一步增强用户的参与意愿，形成用户规模的新一轮扩张，强化平台的用户规模优势。

二 规模经济和范围经济优势的变化

双边市场的规模经济主要表现为平台的媒介匹配所形成的巨大交易量带来的交易成本的下降。用户类别的增加使平台上消费者与多个商户类别共存，平台的匹配和协调提升了消费者和各类商户间的匹配交易规模，在交叉网络外部性作用下，各类商户所提供的产品或服务种类越丰富、质量越上乘、价格越低廉，消费者与商户达成某种交易的可能性就越高，消费者的效用水平就越能得到提高，进而促使消费者规模的扩大，而这也将促进商户效用水平的提升，进而扩大商户规模。因此，平台的用户类别竞争能够促使整体用户规模的扩大，使成本进一步摊薄，强化规模经济优势。

平台进行用户类别竞争表现为在多个市场中同时提供产品或服务降低成本获取范围经济优势。平台厂商增加用户类别时通常能够使自身在多个市场中共用关键的生产要素，如技术、算法、流量，这使平台提供多种产品或服务的成本水平低于分别提供这些产品或服务的成本总和，使平台厂商在充当多个用户类别之间任意组合的中间媒介过程中能够获得成本优势。与此同时，平台厂商提供多领域的服务后，消费者在单个平台中即可获得多种用户类别的产品或服务，可以极大地节省时间成本和选择成本，增强消费者的参与意愿，促进消费者与各类商户类别匹配规模的扩大，降低平台厂商在多个市场领域的平均成本，强化范围经济优势。

三 交叉网络外部性的延伸与成本的阻碍

平台的用户类别竞争机制相对复杂，受平台内部资源和外部竞争等多方面因素的制约。平台增加用户类别是存在边界的，而边界取决于平台用户类别竞争中成本与收益的对比。事实上，平台用户类别竞争的过程是平台厂商在成本制约下的选择过程。平台厂商在规模经济和范围经济优势作用下选择增加用户类别可能提升盈利水平，但用户类别的增加往往意味着诸如补贴、营销、用户维护等方面成本的增加。平台厂商最大化新增用户类别带来的收益便需有效控制两方面成本的增加，一是涉足新市场后吸引新用户的成本，二是维持老用户的成本。为控制成本，平台厂商需甄选所要纳入平台的用户类别，精选所要进入的市场，为此需细致地评估新市场的需求，考量新增用户的需求与平台的契合程度。通常意义上，平台厂商新增与已有用户需求关联度较高的用户类别将更易于为用户所接受，有利于新用户的吸引和老用户的维持，成本控制相对容易实现。

平台厂商的用户类别竞争能够产生用户类别外部性，使用户受到交叉网络外部性和用户类别外部性的联合作用。用户类别外部性的存在使平台中用户类别数量的增加有利于用户效用水平的提高。用户类别外部性的本质是交叉网络外部性的作用的延伸和扩展。当平台的用户类别增加时，平台各用户类别之间的交叉网络外部性和用户类别外部性的作用相互交织，所产生的正向反馈作用在各用户类别之间循环往复，共同促进提高平台中用户的效用水平，最终促进用户规模的扩大和平台厂商市场势力的增强。

通过以上分析可知，平台用户类别竞争的机理是平台通过用户类别的增加丰富产品或服务的种类，扩大平台的功能范围，在交叉网络外部性和用户类别外部性下提高用户的效用水平，增强各类别用户对平台的参与意愿，获取基于用户的规模经济和范围经济优势，于各类别用户的大规模匹配交易中获得平台盈利水平的提高。平台用户类别竞争与用户规模竞争存在紧密关联，一定的用户规模是进行用户类别竞争的重要基础，用户类别的增加又是平台用户规模扩大的重要推动力。平台用户类别竞争受内外部多方面因素制约，竞争过程是在成本制约下的选择过程。

第二节　交叉网络外部性作用下的平台用户类别竞争

本小节将探究平台厂商增加用户类别对平台收益和平台竞争的影响。新增的用户类别会通过交叉网络外部性的作用影响其他类别用户的效用水平，本小节构建理论模型分析交叉网络外部性对平台用户类别竞争的影响，分为两种情形：一是平台新增用户类别的交叉网络外部性相同；二是平台新增用户类别的交叉网络外部性不同。

假设平台 i（$i=1,2,\cdots,n$）的两边为消费者 A 和商户 B，两个用户类别均单归属于平台。平台两边用户加入平台的基本效用为 v_j（$j=A,B$），用户的接入费用为 P_j^i，边 A 消费者的交叉网络外部性强度为 α_A，边 B 商户的交叉网络外部性强度为 α_B，且 $0<\alpha_j<1$；平台两边的用户数量为 n_j^i，t_j 为用户的有效信息获取成本，$t_A x$ 为消费者在消费产品或服务中获取信息支付的成本，$t_B y$ 为商户在提供产品或服务中获取信息支付的成本。平台进行用户类别竞争时消费者效用水平一方面随着各边的商户数量 n 增加而提升，另一方面随着所增加的商户类别 N 增加而提升，即新增每个商户类别的数量 n 对消费者的效用影响的交叉网络外部性为 α_1，商户类别数 N 对消费者效用影响的用户类别外部性系数为 α_2。为推导简便，假设新增商户类别的数量规模均为 n，且因新增商户类别与原有商户类别 B 分属不同的市场，因此假设新增商户类别对原有商户类别 B 的效用几乎无影响。模型中对平台的边际成本、固定成本均视作为零。为保证平台厂商市场份额的获取以及模型中均衡解的获得，假设 $t_j>2\alpha_j$ 和 $(\alpha_j+\alpha_k)^2<4t_j t_k$（$j,k=A,B$）。

一 新增用户类别的交叉网络外部性相同

平台新增用户类别的交叉网络外部性相同时，消费者 A 和商户 B 的效用函数分别为：

$$u_A^i = v_A - P_A^i - t_A x + \alpha_A n_B^i + N\alpha_1 n + \alpha_2 N \tag{5-1}$$

$$u_B^i = v_B - P_B^i - t_B y + \alpha_B n_A^i \tag{5-2}$$

其中，$\alpha_1 n$ 为平台厂商增加一个类别的商户数量对消费者 A 效用水平的影响，新增 N 个类别对消费者效用水平的影响即 $N\alpha_1 n$。$\alpha_2 N$ 为平台厂商增加的 N 个类别所形成的用户类别外部性对消费者 A 效用水平的影响。

消费者 A 需满足 $u_A^i \geq 0$ 才会选择加入平台，则消费者份额为：

$$n_A^i = \frac{v_A - P_A^i + \alpha_A n_B^i + N\alpha_1 n + \alpha_2 N}{t_A}$$

与此类似，商户 B 边份额为：

$$n_B^i = \frac{v_B - P_B^i + \alpha_B n_A^i}{t_B}$$

将二式联立化简可得：

$$n_A^i = \frac{t_B(v_A - P_A^i) + \alpha_A(v_B - P_B^i) + Nt_B(\alpha_1 n + \alpha_2)}{t_A t_B - \alpha_A \alpha_B} \tag{5-3}$$

$$n_B^i = \frac{t_A(v_B - P_B^i) + \alpha_B(v_A - P_A^i) + Nt_A(\alpha_1 n + \alpha_2)}{t_A t_B - \alpha_A \alpha_B} \tag{5-4}$$

假设平台利润为两边定价与用户数量的乘积之和：

$$\pi^i = P_A^i n_A^i + P_B^i n_B^i \tag{5-5}$$

将平台两边用户数量代入利润函数并分别对 P_A^i、P_B^i 求导，使 $\frac{\partial \pi^i}{\partial P_A^i} = 0$、$\frac{\partial \pi^i}{\partial P_B^i} = 0$，可以得到平台对两边用户的定价分别为：

$$P_A^i = \frac{v_B(\alpha_A - \alpha_B) + 2t_B \alpha_A + 2Nt_B(\alpha_2 + \alpha_1 n)}{4t_B}$$

$$+ \frac{(\alpha_A^2 - \alpha_B^2)[v_B(\alpha_A + \alpha_B) + 2t_B \alpha_A + 2Nt_B(\alpha_2 + \alpha_1 n)]}{4t_B \Gamma} \tag{5-6}$$

$$P_B^i = \frac{v_B \Gamma + (\alpha_A - \alpha_B)[v_B(\alpha_A + \alpha_B) + 2t_B \alpha_A + 2Nt_B(\alpha_2 + \alpha_1 n)]}{2\Gamma} \tag{5-7}$$

其中，$\Gamma = \alpha_A^2 + 2\alpha_A \alpha_B + \alpha_B^2 - 4t_A t_B$，因 $(\alpha_j + \alpha_k)^2 < 4t_j t_k (j, k = A, B)$，可得 $\Gamma < 0$。

由此，可得两边用户数量分别为：

$$n_A^i = \frac{v_B(\alpha_A + \alpha_B) + 2t_B v_A + 2Nt_B(\alpha_2 + \alpha_1 n)}{-\Gamma} \tag{5-8}$$

$$n_B^i = \frac{(\alpha_A + \alpha_B)[v_A + N(\alpha_2 + \alpha_1 n)] + 2t_A v_B}{-\Gamma} \tag{5-9}$$

将消费者 A 和商户 B 对 α_1、n、N 和 α_2 求取一阶导数，可以得到：

$$\frac{\partial n_A^i}{\partial \alpha_1} = \frac{-2nNt_B}{\Gamma} > 0$$

$$\frac{\partial n_B^i}{\partial \alpha_1} = \frac{-nN(\alpha_B + \alpha_A)}{\Gamma} > 0$$

$$\frac{\partial n_A^i}{\partial n} = \frac{-2\alpha_1 N t_B}{\Gamma} > 0$$

$$\frac{\partial n_B^i}{\partial n} = \frac{-(\alpha_A + \alpha_B)}{\Gamma} > 0$$

$$\frac{\partial n_A^i}{\partial N} = \frac{-2t_B(\alpha_2 + \alpha_1 n)}{\Gamma} > 0$$

$$\frac{\partial n_B^i}{\partial N} = \frac{-(\alpha_2 + \alpha_1 n)(\alpha_A + \alpha_B)}{\Gamma} > 0$$

$$\frac{\partial n_A^i}{\partial \alpha_2} = \frac{-2t_B N}{\Gamma} > 0$$

$$\frac{\partial n_B^i}{\partial \alpha_2} = \frac{-N(\alpha_A + \alpha_B)}{\Gamma} > 0$$

当平台厂商增加商户类别时，在交叉网络外部性和用户类别外部性下将提升消费者的效用水平，消费者规模相应地得到扩大，这将反过来提高各类别商户参与平台所获得的收益，提升各类别商户对平台的参与意愿，促使平台的服务范围进一步扩展，强化平台厂商的竞争优势。

结论5-1：平台厂商增加用户类别尤其是商户类别可促进满足用户尤其是消费者的多样化需求，提高消费者的效用水平，提升平台对消费者和各类别商户的价值，促进平台厂商形成基于用户类别的竞争优势。

平台利润可以化简为：

$$\pi^i = \{t_A v_B^2 + t_B v_A^2 + v_B[v_A + N(\alpha_2 + \alpha_1 n)](\alpha_A + \alpha_B) + N^2 t_B[(\alpha_2^2 + \alpha_1^2 n^2) + 2\alpha_1\alpha_2 n] + 2N t_B v_A(\alpha_2 + \alpha_1 n)\}/(-\Gamma) \qquad (5-10)$$

从上式可以看出，平台厂商的利润涉及变量众多，本小节借助仿真模拟的方法分析平台厂商增加用户类别与利润之间的关系，即观察用户类别数 N 和用户类别外部性 α_2 对平台利润的影响。为分析用户类别对平台利润的影响，需对模型的参数进行赋值。在交叉网络外部性方面，曲创和刘洪波（2018）在总结Rysman（2004，2007）等研究的基础上，将交叉网络外部性参数设定在［0，0.3］。本小节参考其对交叉网络外部性的设定范围,利用 MATLAB 软件进行模拟,结果如图 5-1 所示。

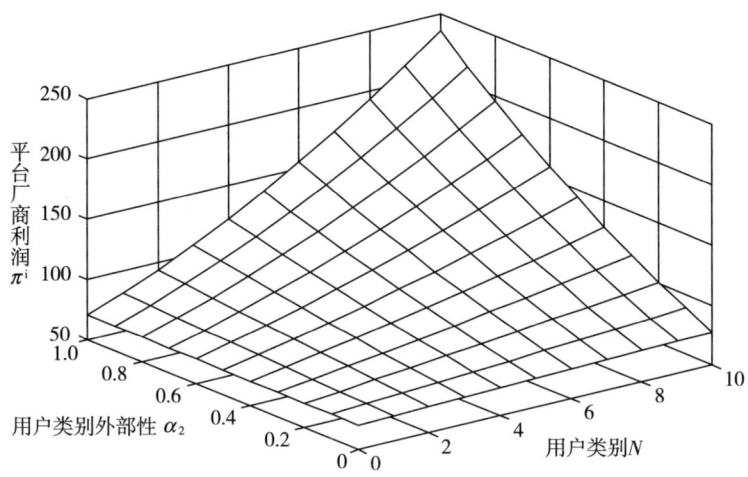

图 5-1　新增用户类别的交叉网络外部性相同时的平台利润

从图 5-1 可以看出,平台厂商增加商户类别对平台利润增长具有正向影响。当成本为零时,平台厂商利润的增速是递增的,随着用户类别外部性 α_2 的增大,平台利润的提升越大;随着 N 取值的增大,平台厂商的利润增速逐渐递增。

平台厂商增加商户类别丰富了平台的服务内容,扩大了平台的服务范围,能够满足消费者多样化的需求,消费者的效用水平在用户类别外部性和交叉网络外部性下得以提高,促进了消费者规模的扩大,这使平台对商户更具有价值,增强了平台对各类商户的吸引力,提高平台厂商对用户的定价能力。随着平台总体用户规模的扩大,平台厂商在竞争中的优势将进一步扩大,这将促进平台利润水平的提高。

结论 5-2:平台增加用户类别可以促进平台利润的提高,用户类别外部性越大和用户类别数越多时,平台增加用户类别对利润的贡献越大。

二 新增用户类别的交叉网络外部性不同

当新增的各商户类别对消费者效用水平的影响各不相同时，平台厂商应选择对消费者效用提升最明显的商户类别。因此，本小节假设平台厂商增加商户类别对消费者效用的影响是递减的。不失一般性，假设平台第三边用户（所增加的第一个商户类别）数量对消费者效用的影响为 $\alpha_1/2$，第四边用户（所增加的第二个商户类别）数量对消费者效用的影响为 $\alpha_1/4$，第五边用户（所增加的第三个商户类别）数量对消费者效用的影响为 $\alpha_1/8$，……，增加的第 N 个商户类别的数量对消费者效用的影响为 $\alpha_1/2^N$，则平台厂商进行用户类别竞争时所增加的各商户类别对消费者的效用影响为 $(1-1/2^N)\alpha_1 n$。用户类别外部性系数依然为 α_2。平台厂商的消费者和商户 B 的效用函数分别为：

$$u_A^i = v_A - P_A^i - t_A x + \alpha_A n_B^i + (1-1/2^N)\alpha_1 n + \alpha_2 N \tag{5-11}$$

$$u_B^i = v_B - P_B^i - t_B y + \alpha_B n_A^i \tag{5-12}$$

消费者 A 和商户 B 需满足 $u_A^i \geq 0$ 和 $u_B^i \geq 0$ 才会选择加入平台，可以求得消费者 A 和商户 B 的份额分别为：

$$n_A^i = \frac{v_A - P_A^i + \alpha_2 N + \alpha_A n_B^i - (1-1/2^N)\alpha_1 n}{t_A}$$

$$n_B^i = \frac{v_B - P_B^i + \alpha_B n_A^i}{t_B}$$

将二式联立化简可得：

$$n_A^i = \frac{\alpha_A(P_B^i - v_B) + t_B[P_A^i - v_A + \alpha_2 N + (1-1/2^N)\alpha_1 n]}{\alpha_A \alpha_B - t_A t_B} \tag{5-13}$$

$$n_B^i = \frac{\alpha_B(P_A^i - v_A) + t_A(P_B^i - v_B) - \alpha_B[\alpha_2 N + (1-1/2^N)\alpha_1 n]}{\alpha_A \alpha_B - t_A t_B} \tag{5-14}$$

假设不存在跨市场成本时平台利润为两边定价与用户数量的乘积之和，即式（5-5），将平台两边用户数量代入式（5-5）并分别对 P_A^i、P_B^i 求导，使 $\frac{\partial \pi^i}{\partial P_A^i}=0$、$\frac{\partial \pi^i}{\partial P_B^i}=0$ 可以得到平台对两边用户的定价分别为：

$$P_A^i = \frac{(\alpha_B^2 + \alpha_A\alpha_B - 2t_At_B)[v_A + \alpha_2 N + (1 - 1/2^N)\alpha_1 n] + v_B t_A(\alpha_B - \alpha_A)}{\Gamma}$$

(5-15)

$$P_B^i = \frac{v_B(\alpha_B^2 + \alpha_A\alpha_B - 2t_At_B) + t_B(\alpha_A - \alpha_B)[v_A + \alpha_2 N + (1 - 1/2^N)\alpha_1 n]}{\Gamma}$$

(5-16)

将平台对两边用户定价和用户数量分别代入平台利润中，化简可得：

$$\pi^{i*} = \frac{[v_B(\alpha_A + \alpha_B) + 2t_B(v_A + \alpha_2 N) + 2\alpha_1 n t_B(1 - 1/2^N)]\Omega + (\alpha_A v_A + \alpha_B v_A + 2t_A v_B)\Phi}{\Gamma^2}$$

(5-17)

$\Phi = t_B v_A(\alpha_B - \alpha_A) - \alpha_A v_B(\alpha_B + \alpha_A) + 2t_A t_B v_B$

$\Omega = t_A v_B(\alpha_A - \alpha_B) - \alpha_B v_A(\alpha_B + \alpha_A) + 2t_A t_B v_A$

鉴于平台厂商的利润函数表达式比较复杂，下文借助仿真模拟方法分析平台厂商实行用户类别竞争对利润的影响，即分析所增加的平台用户类别数 N 和用户类别外部性 α_2 对平台利润的影响。本小节延续前文的设定，仍将交叉网络外部性参数设定在 [0, 0.3]。使用 MATLAB 软件，模拟结果如图 5-2 所示。

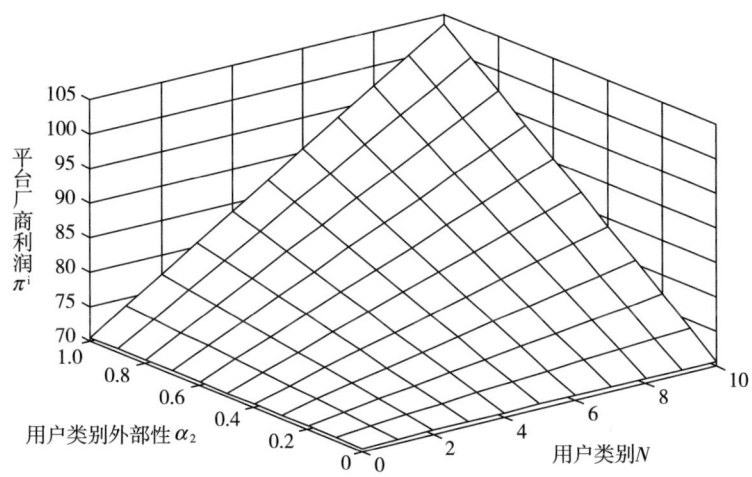

图 5-2 新增用户类别的交叉网络外部性不同时的平台利润

由图 5-2 可以看出，平台厂商进行用户类别竞争对平台利润具有正向影响，但平台厂商每增加一个商户类别对平台利润的正向影响是递减的，即当新增商户类别的交叉网络外部性不相同时，平台厂商增加的商户类别越多，平台利润的边际增加将越小，直至增量趋近于零，这种趋势在用户类别外部性 α_2 越小时越显著。平台厂商进行用户类别竞争，在交叉网络外部性和用户类别外部性作用下有利于消费者效用的提高，基于理性选择，平台厂商在甄选用户类别的过程中会优先选择对消费者效用正向影响较大的类别，因此随着商户类别的增加，新增商户类别对消费者效用水平和平台整体利润水平的正向影响是递减的。平台厂商的用户类别外部性越小，同时平台厂商增加商户类别对消费者的效用水平影响越小，平台厂商将无法形成较大的消费者规模，商户类别也就无法对平台利润产生明显的正向影响，平台利润增速也就放缓。

结论 5-3：用户类别竞争可促进平台厂商利润水平的提升，但新增用户类别对平台利润的边际贡献呈现递减趋势，尤其当用户类别外部性越小时，新增的用户类别对平台利润的边际贡献的递减趋势将愈加明显。

平台厂商在增加商户类别时，在信息完全且充分的前提下，将首先选择对消费者效用影响较大的用户类别，其次选择对消费者效用影响较小的用户类别，这使新增的商户类别对消费者效用水平的影响呈递减趋势。平台用户类别竞争对于消费者效用水平的增加将提升消费者参与平台的意愿，进而促进扩大消费者规模，这最终将使平台用户之间的交叉网络外部性与用户规模之间呈现反向变化趋势，即平台的总体用户规模扩大时，用户之间的交叉网络外部性强度将是降低的。

推论 5-1：平台用户之间的交叉网络外部性随着用户规模的扩大而递减。

从以上分析中可以看出，平台厂商增加用户类别有利于满足用户尤其是消费者的多样化需求，提高消费者的参与意愿并扩大用户规模，进而有利于促进平台利润的增长，形成基于用户类别的竞争优势，尤其当用户类别外部性强度较大且用户类别数目增加时，平台厂商进行用户类别竞争将有助于利润水平的提高。当新增用户类别的交叉网络外部性不同时，平台厂商会优先选择交叉网络外部性大的用户类别，这使平台厂商每新增一个用户类别对平台利润的边际贡献呈递减趋势，且当用户类别外部性越小时，新增用户类别对平台利润的边际贡献的递减趋势将愈加明显。

第三节 跨市场成本制约下的平台用户类别竞争

本小节将构建理论模型分析平台厂商进行用户类别竞争时用户类别数量与增加用户类别所形成的跨市场竞争的成本之间的关系，并探讨平台厂商在跨市场竞争的成本影响之下对竞争方式选择的影响。理论模型主要包含两部分：一是平台厂商增加用户类别不存在成本约束；二是平台厂商增加用户类别存在成本约束。

平台的消费者 A 和商户 B 的效用函数分别为：

$$u_A^i = v_A - P_A^i - t_A x + \alpha_A n_B^i \tag{5-18}$$

$$u_B^i = v_B - P_B^i - t_B y + \alpha_B n_A^i \tag{5-19}$$

消费者 A 和商户 B 需满足 $u_A^i \geq 0$ 和 $u_B^i \geq 0$，消费者 A 和商户 B 的份额分别为：

$$n_A^i = \frac{v_A - P_A^i + \alpha_A n_B^i}{t_A}$$

$$n_B^i = \frac{v_B - P_B^i + \alpha_B n_A^i}{t_B}$$

联立二式并化简可得：

$$n_A^i = \frac{\alpha_A(P_B^i - v_B) + t_B(P_A^i - v_A)}{\alpha_A \alpha_B - t_A t_B} \tag{5-20}$$

$$n_B^i = \frac{\alpha_B(P_A^i - v_A) + t_A(P_B^i - v_B)}{\alpha_A \alpha_B - t_A t_B} \tag{5-21}$$

平台利润可以表示为两边定价与用户数量的乘积之和，即 $\pi_{nc}^i = P_A^i n_A^i + P_B^i n_B^i$，将平台两边用户数量代入平台利润表达式并分别对 P_A^i、P_B^i 求导，使 $\dfrac{\partial \pi_{nc}^i}{\partial P_A^i} = 0$，$\dfrac{\partial \pi_{nc}^i}{\partial P_B^i} = 0$，可以得到平台对两边用户的定价分别为：

$$P_A^i = \frac{v_A(\alpha_B^2 + \alpha_A \alpha_B - 2t_A t_B) - v_B t_A(\alpha_A - \alpha_B)}{\alpha_A^2 + 2\alpha_A \alpha_B + \alpha_B^2 - 4t_A t_B} \tag{5-22}$$

$$P_B^i = \frac{v_B(\alpha_A^2 + \alpha_A \alpha_B - 2t_A t_B) + v_A t_B(\alpha_A - \alpha_B)}{\alpha_A^2 + 2\alpha_A \alpha_B + \alpha_B^2 - 4t_A t_B} \tag{5-23}$$

将平台对两边用户定价和用户数量分别代入平台利润中，化简可得：

$$\pi_{nc}^i = \frac{(t_A + t_B)(v_A^2 + v_B^2) + v_A v_B(\alpha_A + \alpha_B)}{4t_A t_B - \alpha_A^2 - 2\alpha_A \alpha_B - \alpha_B^2} \tag{5-24}$$

一　用户类别竞争中无跨市场成本

用户类别竞争中无跨市场成本时的平台利润即上文式（5-17）所求得的 π^{i*}。

将平台进行用户类别竞争时的利润与不进行用户类别竞争的利润作差，可得：

$$\Delta \pi_1 = \pi^{i*} - \pi_{nc}^i = \frac{t_B[\alpha_1(1 - 1/2^N) + \alpha_2 N][v_B(\alpha_B^2 - \alpha_A^2 + \Gamma) + (\alpha_B - \alpha_A)t_A v_B]}{\Gamma^2}$$

$$\tag{5-25}$$

二　用户类别竞争中有跨市场成本

假设平台厂商每增加一个用户类别的成本为 c，当新增用户类别数量为 N 时成本为 cN。平台利润为两边定价与用户数量的乘积与跨市场成本之差：

$$\pi_c^i = P_A^i n_A^i + P_B^i n_B^i - cN \tag{5-26}$$

将平台两边用户数量代入利润函数并分别对 P_A^i、P_B^i 求导，使 $\dfrac{\partial \pi_c^i}{\partial P_A^i} = 0$、$\dfrac{\partial \pi_c^i}{\partial P_B^i} = 0$ 可以得到平台对两边用户的定价分别为：

第五章 平台用户类别竞争：理论分析

$$P_A^i = \frac{(\alpha_B^2 + \alpha_A\alpha_B - 2t_At_B)[v_A + \alpha_2 N + \alpha_1 n(1 - 1/2^N)] + v_B t_A(\alpha_B - \alpha_A)}{\Gamma}$$

(5-27)

$$P_B^i = \frac{v_B(\alpha_B^2 + \alpha_A\alpha_B - 2t_At_B) + t_B(\alpha_A + \alpha_B)[v_A + \alpha_2 N + \alpha_1 n(1 - 1/2^N)]}{\Gamma}$$

(5-28)

将平台对两边用户定价和用户数量分别代入平台利润中，化简可得：

$$\pi_c^i = \frac{(\alpha_A v_A + \alpha_B v_A + 2t_A v_B)\Phi + [v_B(\alpha_A + \alpha_B) + 2t_B(v_A + \alpha_2 N) + 2\alpha_1 n t_B(1 - 1/2^N)]\Omega}{\Gamma^2} - cN$$

(5-29)

将平台增加用户类别利润 π_c^i 与不增加用户类别的利润 π_{nc}^i 作差，可得：

$$\Delta\pi_2 = \pi_c^i - \pi_{nc}^i = \frac{t_B[\alpha_1 n(1 - 1/2^N) + \alpha_2 N][v_A(\alpha_B^2 - \alpha_A^2 + \Gamma) + (\alpha_B - \alpha_A)t_A v_B]}{\Gamma^2} - cN$$

(5-30)

本小节采用数值模拟的方法对各参数赋值，研究平台用户类别竞争对利润的影响。本小节仍将交叉网络外部性参数设定在 [0, 0.3]，设定新增用户类别数量 N 的取值依次是 1—10。$\Delta\pi_1$ 为无跨市场竞争成本的平台用户类别竞争前后的利润差值，$\Delta\pi_2$ 为有跨市场竞争成本的平台用户类别竞争前后的利润差值。因跨市场成本的高低会影响平台用户类别竞争的效果，本小节为模拟分析不同成本水平下平台利润差值 $\Delta\pi_2$ 的变化，不失一般性，选取 $c=1$ 和 $c=7$ 分别代表低跨市场成本和高跨市场成本，对应的平台利润分别为 $\Delta\pi_{2L} = \pi_c^i - \pi_{nc}^i$ 和 $\Delta\pi_{2H} = \pi_c^i - \pi_{nc}^i$。数值模拟结果如表 5-1 所示。

表 5-1　平台参与用户类别竞争时利润差值的数值模拟结果

新增用户类别数量 N	$\Delta\pi_1 = \pi^{i*} - \pi_{nc}^i$	$\Delta\pi_{2L} = \pi_c^i - \pi_{nc}^i$	$\Delta\pi_{2H} = \pi_c^i - \pi_{nc}^i$
1	>0, *	>0, *******	>0, *
2	>0, **	>0, *********	<0, *

续表

新增用户类别数量 N	$\Delta \pi_1 = \pi^{i*} - \pi_{nc}^i$	$\Delta \pi_{2L} = \pi_c^i - \pi_{nc}^i$	$\Delta \pi_{2H} = \pi_c^i - \pi_{nc}^i$
3	>0, ***	>0, **********	<0, **
4	>0, ****	>0, *********	<0, ***
5	>0, *****	>0, ********	<0, ****
6	>0, ******	>0, ******	<0, *****
7	>0, *******	>0, *****	<0, ******
8	>0, ********	>0, ****	<0, *******
9	>0, *********	>0, ***	<0, ********
10	>0, **********	>0, **	<0, *********

注：*代表变化程度，*越多代表变化程度越大，*越少代表变化程度越小。

从表5-1中可以看出，平台利润差的大小与用户类别数目相关，在跨市场成本为零的情形下，利润差随着用户类别数量的增加而增大；在跨市场成本不为零的情形下，在跨市场成本水平较低时，利润差随着类别数量的增加呈现先上升后下降的变化趋势，在跨市场成本水平较高时，利润差主要为负值，且随着平台类别数量的增加而呈现差距扩大的趋势。在跨市场成本较低时，先呈现上升趋势是因为平台增加用户类别丰富了平台的服务内容，扩大了平台的服务范围，消费者的需求可以得到更好的满足，从而能够在交叉网络外部性和用户类别外部性的作用下提升消费者的效用水平，促进用户规模的扩大和平台获利水平的提升；后呈现下降趋势是因为尽管跨市场成本水平较低，但随着平台类别数量的增加平台内部管理和协调难度大大提升，平台厂商需要承担的跨市场成本压力会逐渐加大，这会对平台盈利产生较大影响，从而使利润差逐步缩小。当平台跨市场成本水平较高时，平台进行用户类别竞争自始至终都将背负较大的成本压力，随着类别数量的增加，平台厂商所要承担的成本压力会越来越大，这使利润差主要体现为负值，且差距会逐渐拉大。

由以上分析可知，平台进行用户类别竞争受到成本因素的约束，在用户类别竞争中一味追求用户类别数量的增加并非明智之举。为形成用户类别竞争优势，平台厂商需要承担新市场中用户开发与维护、新产品或服务供应等多方面的协调和管理因素带来的成本压力。因此，平台厂商在用户类别竞争中需审慎权衡新增用户类别与原有用户规模的需求匹配关系和协调问题。突破用户类别竞争中的成本约束，是平台厂商获取较高利润的关键。若平台厂商忽视成本压力而一味追求用户类别数量的增加，则势必要承受跨市场成本对利润的挤占，甚至最终可能导致亏损而退出市场。

结论5-4：平台进行用户类别竞争受跨市场竞争成本的制约。当获取、维持用户规模和协调、管理用户类别的成本较低时，平台厂商参与用户类别竞争与不参与用户类别竞争的利润差值呈先上升后下降的趋势；当获取、维持用户规模和协调、管理用户类别的成本较高时，平台厂商参与用户类别竞争与不参与用户类别竞争的利润差值为负且呈扩大趋势。平台厂商需精准选择用户类别，以谋求平台利润的最大化。

当新市场中易于吸引新用户、维持老用户以及协调和管理各个用户类别之间的匹配和交易的难度较低时，用户类别竞争的成本较低，平台厂商通过用户类别扩展能够涉足多个市场。消费者在平台中接触多个市场的产品或服务，多样化需求得到更好的满足；在交叉网络外部性和用户类别外部性的联合作用下，效用水平能够得以提升，将进一步提升消费者的平台参与意愿，促使消费者规模扩张。基于较大的消费者规模，各类商户将提升对平台的参与意愿，使平台厂商能够提升对各类商户的谈判势力。消费者和商户对平台参与意愿的提升扩大了整体用户规模，使产品或服务的生产成本得以摊薄，平台厂商获得了一定的规模经济优势；用户类别竞争使平台多类别的产品或服务的生产成本相对降低，同时使消费者选择不同产品或服务组合的成本降低，平台厂商因此获得了基于用户的范围经济优势。

结论5-5：当平台厂商增加用户类别的跨市场竞争成本较低时，在交叉网络外部性和用户类别外部性的联合作用下，用户类别的增加有利于平台厂商获得基于用户的规模经济和范围经济优势，促进平台提高盈利水平。

第四节 交叉网络外部性与用户类别
竞争中的滥用市场势力

平台新增用户类别的交叉网络外部性强度越大,进入新市场所形成的跨市场成本越低,平台厂商就越能在用户类别竞争中获取竞争优势,这使交叉网络外部性和跨市场成本成为影响平台用户类别竞争效果的重要因素。通过"谷歌比价服务案"和"谷歌操作系统案"等案例可知,一些平台在用户类别竞争中常以搭售、排他性交易等行为进入新市场,以其在原市场的市场势力影响在新市场中的竞争,该种行为是否与交叉网络外部性和跨市场成本因素有关?

平台厂商进行用户类别竞争促使自身从双边平台转变为多边平台,以期获取规模经济优势和范围经济优势,首当其冲的是要解决用户类别的选择问题。以面临供应商和消费者两边用户的平台为例,如图 5-3 所示,平台厂商在进行用户类别竞争前面临两边用户,即供应商 1 和消费者,在选择新增用户类别时,若供应商 2 对消费者具有强度较大的交叉网络外部性,平台厂商增加供应商 2 能促使消费者与新增供应商 2 形成大规模的匹配交易,使平台厂商一方面能从供应商 2 中获得更多的渠道、接入等收入,另一方面通过交叉网络外部性提高消费者的效用水平,增强消费者的参与意愿,进一步扩大消费者的规模,进而使平台厂商对各类供应商形成更强的谈判势力。若平台厂商选择的供应商类别无法对消费者产生较大的效用增益,就无法使消费者与新增供应商类别形成较大的交易量,也就使该种用户类别的纳入对平台厂商助益较小。平台厂商增加供应商 2 使平台中供应商类型更加丰富,消费者规模不断扩大,使平台得以获得基于用户的规模经济和范围经济优势,在此基础上,平台厂商的盈利能力将得以提升。以上平台增加供应商 2 进行用户类别竞争的过程似乎顺理成章,但事实上,平台厂商新增供应商 2 实现从市场一到市场二的跨越时将产生跨市场成本,即平台用户类别竞争的效果会受到跨市场成本的制约作用。

第五章　平台用户类别竞争：理论分析 | 95

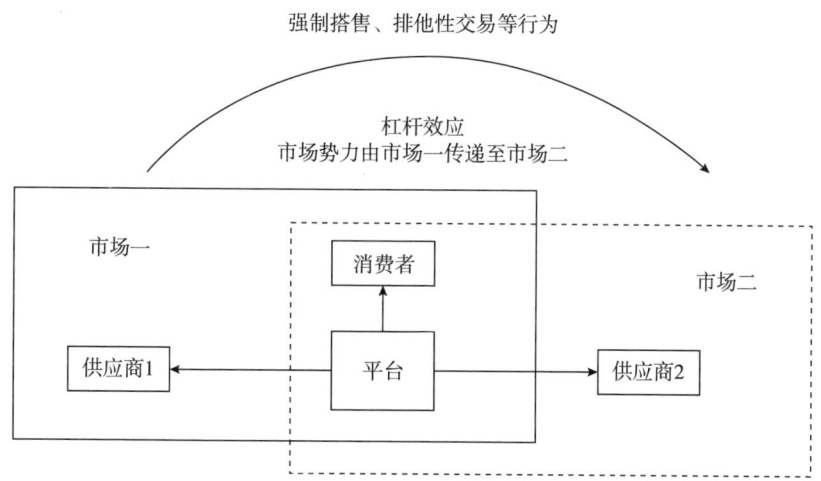

图 5-3　平台用户类别竞争与强制搭售、排他性交易等行为
资料来源：笔者自制。

　　跨市场成本主要指平台厂商增加用户类别过程中所形成的成本费用，包括用以增加用户类别中的补贴费用、营销费用、协调费用、客户维护费用等。跨市场成本的存在会限制新增供应商2与消费者的交易量的提高和交叉网络外部性下消费者规模的扩大，制约平台厂商在用户类别竞争中规模经济和范围经济优势的形成和强化，阻挡平台厂商在多个市场中实现联合利润最大化，尤其当跨市场成本过高时甚至会使平台厂商在增加用户类别过程中陷入各类别用户的协调矛盾中，进而影响其在市场一中供应商1和消费者的交易量，导致消费者对平台的参与意愿大大降低，在交叉网络外部性的作用下，平台整体的用户规模将趋于萎缩。因此，降低跨市场成本是平台厂商获得用户类别竞争优势的关键。

　　厂商以自身市场势力的滥用获取在其他市场中的竞争优势是厂商降低成本提高利润的惯常做法，而在平台经济中，基于跨市场成本对平台用户类别竞争优势的限制作用，以及交叉网络外部性作用下各类别用户的规模和用户效用水平之间的关联，一定程度上加深了平台厂商通过不正当竞争行为滥用市场势力的趋势。比较典型的如图 5-3 中的强制搭售、排他性协议等行为，这些行为在案例中多有体现，如微软利用 Windows 操作系统的优势地位，通过绑定搭售 IE 浏览器将其在操作系统市场的市场势力传递至浏览器市场，从而导致当时性能优越的网景浏览器在竞争中失利；谷歌利用其在搜索引擎市场的优势地位，通过与设备制造商达成排他性协议，强制设备制造商排他性内置谷歌的移动搜索服务和移动浏览器服务以换取谷歌应用商店的使用权；谷歌利用自身在搜索引擎市场的优势地位进入比价服务市场，在此过程中谷歌偏袒自家服务，使其竞争对手的比价服务排名显著降低；苹果公司利用 iOS 操作系统的优势地位与美国五大出版商勾结串谋从而进入电子书市场，导致了亚马逊公司的市场份额下降，并促使电子书的价格提升。平台厂商对如强制搭售、排他性协议、排他性交易等不正当竞争行为的使用促使平台最大限度地利用了自身已经形成的市场势力，在杠杆效应下实现市场势力从市场一向市场二的传递。在该种传递下，平台厂商在市场二的竞争中能够利用自身的市场势力，降低获取用户和提高利润的阻力，减小跨市场成本对平台形成规模经济和范围经济优势的制约作用，增强平台厂商在多个市场之间的正反馈效应，甚至可能促使平台厂商实现跨市场垄断，获取垄断利润。这是平台用户类别竞争中易于产生滥用市场势力行为的重要原因。

同时细究可以发现，互联网技术的发展使市场边界更加模糊，进一步扩大了平台用户类别竞争的范围和领域，与此同时，技术进步也使平台厂商参与用户类别竞争、涉足新市场的方式趋向于多元化和新型化。只着眼于其中某个市场的平台竞争行为、过程和结果，将不易察觉藏匿于市场之间隐蔽的滥用市场势力的行为，使监管部门对平台用户类别竞争中的滥用市场势力的行为的界定难度大大增加。

第五节 本章小结

本章研究了平台用户类别竞争的动机、机理和平台用户类别竞争中产生滥用市场势力行为的原因，明确了平台用户类别竞争的目的，证明了交叉网络外部性影响平台用户类别竞争的效果，以及平台增加用户类别所形成的跨市场成本对平台用户类别竞争的限制作用，揭示了平台用户类别竞争中易于隐藏滥用市场势力行为的原因。在双边市场模型框架下，本章依次分析了新增用户类别的交叉网络外部性相同和不同两种情形下的用户类别竞争，以及存在跨市场竞争成本和不存在跨市场竞争成本时的平台用户类别竞争情形。研究表明：

第一，平台厂商增加用户类别能够丰富平台服务内容和扩大平台服务范围，在交叉网络外部性和用户类别外部性的联合作用下促进各类别用户效用水平的提高，在此基础上形成规模经济和范围经济，进而提高平台收益水平。

第二，平台用户类别竞争会受到交叉网络外部性和跨市场竞争成本的影响或制约。当新增用户类别的交叉网络外部性强度较大时，平台厂商增加该类别用户能够形成较大的匹配交易规模，进而促使平台提高收益；当新增用户类别的交叉网络外部性强度较小时，平台厂商增加该类别用户便无法形成较大的匹配交易规模，也就无法对平台收益的提高形成较大的助益。当跨市场成本较低时，增加用户类别对平台利润的贡献首先呈上升趋势，而随着用户类别数量的增加，用户类别对平台利润的贡献逐渐降低；当跨市场成本较高时，增加用户类别对平台利润的贡献较低，且随着成本压力的增大会进一步降低，甚至出现亏损。因此，平台不能实现用户类别的无限增加，否则会为成本所累，丧失竞争优势，甚至退出跨界竞争的市场。

第三，为增强用户类别竞争优势，平台厂商需降低跨市场成本并在交叉网络外部性下获取交易量的提升，这在一定程度上加大了平台厂商通过不正当竞争行为滥用市场势力以寻求跨市场成本降低的趋势。强制搭售、排他性协议、排他性交易等行为使平台厂商在用户类别竞争中能够借助杠杆效应实现市场势力在市场之间的传递，降低平台厂商获取用户和提高利润的阻力，减小跨市场竞争的成本对规模经济和范围经济的制约作用，使平台厂商具有将跨市场竞争转化为跨市场垄断的可能性。

基于以上分析，本章得到的启示是：对互联网平台用户类别竞争行为的监管应当明晰用户类别竞争的机理和限制因素，对平台的策略性竞争行为进行跟踪、关注和分析，适时将未纳入反垄断法规制范围的不正当竞争行为予以纳入。

第六章 平台用户规模竞争与用户类别竞争的实证分析

通过前文分析可知,平台厂商进行有效的用户规模竞争和用户类别竞争能够提升竞争优势。本章将基于前文理论研究的有关结论对平台用户竞争方式与竞争效果间的关系进行实证研究,主要包括两个方面,一是通过协整检验、格兰杰因果检验、脉冲响应函数分析与方差分解等方法,实证分析腾讯案例中用户规模与平台盈利能力之间的关系,以探究平台用户规模竞争的效果;二是通过事件研究法,对"谷歌优兔""微软领英""网易考拉"和"网易云音乐"案例中平台厂商的累积超额收益的显著性进行实证检验,以分析平台用户类别竞争中的平台收益变化。

本章的结构安排如下:第一节为平台用户规模竞争的实证分析;第二节为平台用户类别竞争的实证分析;第三节为本章小结。

第一节 平台用户规模竞争的实证分析

本节首先分析平台厂商通过用户规模竞争提高盈利能力进而影响平台势力的理论基础和作用机制,其次对变量进行描述以及对数据来源与特征进行分析,最后对实证过程进行阐释并对实证结果进行分析。

一 理论基础与机制分析

本小节通过构建平台竞争的理论模型,对平台厂商通过扩大用户规模提高平台盈利能力的作用机制进行分析。

（一）理论模型

本小节在 Armstrong（2006）的基础上构建平台竞争模型。平台 i（$i=A$，B）的两边用户为 n_1^i 和 n_2^i，交叉网络外部性系数为 α_1 和 α_2。平台对两边用户的定价为 P_1^i 和 P_2^i，两边用户的效用 u_1^i 和 u_2^i 表示为：

$$u_1^i = \alpha_1 n_2^i - P_1^i \quad u_2^i = \alpha_2 n_1^i - P_2^i \tag{6-1}$$

Hotelling 模型框架下两边用户数量可分别表示为式（6-2）、式（6-3），其中，t_1 和 t_2 为产品差异性：

$$n_1^i = \frac{1}{2} + \frac{u_1^i - u_1^j}{2t_1} = \frac{1}{2} + \frac{\alpha_1(2n_2^i - 1) - (P_1^i - P_1^j)}{2t_1} \tag{6-2}$$

$$n_2^i = \frac{1}{2} + \frac{u_2^i - u_2^j}{2t_2} = \frac{1}{2} + \frac{\alpha_2(2n_1^i - 1) - (P_2^i - P_2^j)}{2t_2} \tag{6-3}$$

假设两平台位于市场两端点，边 1 和边 2 用户在市场上是均匀分布的，在市场完全的假定下，存在 $n_1^i + n_1^j = 1$（i，$j = A$，B）。将式（6-2）、式（6-3）联立，可得平台两边用户数量为交叉网络外部性、产品差异性及平台对两边用户定价的函数：

$$n_1^i = \frac{1}{2} + \frac{1}{2}\frac{\alpha_1(P_2^B - P_2^A) + t_2(P_1^B - P_1^A)}{t_1 t_2 - \alpha_1 \alpha_2} = f_1(\alpha_1, \alpha_2, t_1, t_2, P_1^i, P_2^i) \tag{6-4}$$

$$n_2^i = \frac{1}{2} + \frac{1}{2}\frac{\alpha_2(P_1^B - P_1^A) + t_1(P_2^B - P_2^A)}{t_1 t_2 - \alpha_1 \alpha_2} = f_2(\alpha_1, \alpha_2, t_1, t_2, P_1^i, P_2^i) \tag{6-5}$$

假设平台厂商投入的固定成本为 C^i，为边 1 和边 2 用户提供服务的交易成本分别为 c_1 和 c_2，则平台 i 的利润为定价与成本的差额，即式（6-6）：

$$\begin{aligned}\pi^i &= (P_1^i - c_1) n_1^i + (P_2^i - c_2) n_2^i - C^i \\ &= (P_1^i - c_1) f_1(\alpha_1, \alpha_2, t_1, t_2, P_1^i, P_2^i) \\ &\quad + (P_2^i - c_2) f_2(\alpha_1, \alpha_2, t_1, t_2, P_1^i, P_2^i) - C^i \end{aligned} \tag{6-6}$$

从式（6-6）可以看出，平台厂商的获利与多个因素有关。在这些因素中，固定成本、产品差异化等可以归属为产品范畴，交叉网络外部性和用户规模可以归属为用户范畴。单边市场和双边市场均存在

"用户"概念，但不同之处体现在平台利润会受到交叉网络外部性和用户规模因素的影响，这使"用户"因素在双边市场中的地位大大提升。用户对平台的参与促使平台服务的生产过程和消费过程同时得以实现，进而使平台厂商获得盈利的基础。

（二）作用机制

在上文分析的平台利润的影响因素的基础上，本小节将具体分析用户因素影响平台盈利的作用机制，以此来探究平台厂商和单边厂商的市场势力来源的区别。

市场势力通常被定义为厂商将价格维持在竞争性价格水平之上的能力，盈利能力是厂商市场势力的重要表现。在传统经济中，厂商的资产量、产品差异化和绝对成本优势等均是影响厂商盈利和市场势力形成的重要因素。资产量代表着平台厂商进入市场时的沉淀成本或专用资产（Bain，1956），适度的资产量通常有利于提高厂商的经济收益。在产品优势方面，厂商因品牌、信誉优势形成的产品差异越大，消费者偏好越强，越有利于产品销量的提高和盈利水平的提升，进而有利于市场势力的形成和扩大。厂商的产品或服务越具有成本优势则越有利于厂商获取利润。在双边市场中，资产量、产品差异化和绝对成本优势等依然是提高盈利能力和市场势力的重要影响因素，能够影响平台厂商规模经济和范围经济优势的形成和强化，但在这些产品因素之外，用户因素也充当着重要角色。用户因素对平台盈利能力和市场势力的影响可以从最低网络规模和交叉网络外部性两个方面进行分析。

用户是平台厂商争夺的关键，平台只有使自身的用户数量达到最低网络规模，才能获得正反馈的网络效应，促使用户规模的进一步扩大，直至步入用户数量自增长阶段。如果无法达到最低网络规模，则现有的用户规模也将不断萎缩，导致平台生存困难，最终退出市场。若平台厂商整体的用户规模越大，平台对利润来源边（或付费边）用户的价值就越大，用户参与平台的意愿就会越高。在正反馈的网络效应下，这将带来两方面的优势：一是平台厂商对大规模用户提供服务的成本水平会降低，从而促使平台厂商获取规模经济优势；二是平台厂商的盈利能力就会越强，市场势力也就能够得以巩固和扩大（傅瑜等，2014；曲创、朱兴珍，2015）。厂商产品或者服务的价值往往与其消费者规模呈正相关，即存在网络外部性。厂商的网络外部性越大，则其获利能力越强（董亮、任剑新，2012），这在双边市场中突出表现为一边用户数量的增加可以提高另一边用户效用水平，即交叉网络外部性（Armstrong，2006）。因与用户规模直接相关，交叉网络外部性显著地影响着平台厂商市场势力的形成和扩大。当平台一边的用户规模增大时，在交叉网络外部性作用下，另一边用户参与平台所获得的效用水平将随之提高，这将有利于提高用户参与平台的意愿，提高平台整体用户规模，进而使平台厂商能够凭借庞大的用户规模提高盈利水平，巩固和增强其市场势力。

平台厂商的用户规模越大，在交叉网络外部性作用下越可能获得正反馈的网络效应，从而提升用户的效用水平，提高用户参与意愿，使用户规模获得进一步扩张，最终使平台厂商的平均成本下降，获取规模经济优势，提升盈利水平，最终促进市场势力的扩大。若平台厂商的用户规模越小，在交叉网络外部性下能够获得的正反馈效应就有限，用户效用水平的增加不显著，也就不利于用户参与意愿的提升和用户规模的扩大，进而不利于平台厂商盈利水平的提升和市场势力的扩大。

二　变量描述、数据来源与统计性分析

本小节选择变量的衡量指标并对变量进行描述性分析，为后文实证分析用户规模与平台盈利能力之间的关系奠定基础。

在用户规模方面，衡量指标主要分为两类，一是平台厂商的用户数量（邱甲贤，2016）或用户数量的增长率，二是用户份额。本书侧重于探讨用户规模对市场势力形成的影响，因此选择平台厂商的用户数量体现用户规模的大小，以更直观地分析用户因素对平台厂商盈利的影响。

在平台盈利能力方面，成本与收入的比率是平台厂商获得每一单位的收入所要支付的成本，如果该比率越低，说明每获得一单位的收入所要支付的成本越低，平台厂商的盈利能力就越强；如果该比率越

第六章 平台用户规模竞争与用户类别竞争的实证分析 | 103

高,说明每获得一单位的收入所要支付的成本越高,平台厂商的盈利能力就越弱。成本收入比率是衡量厂商盈利能力的重要指标,能够反映出厂商的成本控制能力和经营效率(许南、曾翠,2008)。降低成本收入比率意味着厂商为用户提供产品或服务的过程中能够花费比竞争对手更低的成本,从而在竞争中赢得更大的竞争优势(刘锡良和刘轶,2006)。平台用户规模的扩大有利于平台厂商获得规模经济和范围经济优势,所以在成本控制的视角下,可以通过分析平台用户规模扩大对成本的影响来探究平台用户规模竞争对平台盈利和市场势力的作用,这与本书主题高度吻合。基于此,本小节使用成本收入比率来体现平台厂商的盈利能力,变量具体形式为营业成本与总收入的比值。

在研究对象选择方面,本小节以腾讯平台为例实证分析用户规模与平台盈利能力的关系,主要基于以下三个方面的考虑:一是在向用户提供多元化服务的过程中,如社交通信领域的"QQ"和"微信"、游戏领域的 QQ 游戏、门户网站领域的"腾讯网"和"腾讯新闻"、在线视频领域的"腾讯视频"等,腾讯平台的用户规模经历了从无到有,从规模较小到规模庞大的转变,进而逐步蜕变为国内用户数量最多的互联网平台企业,是平台厂商通过用户规模竞争获取竞争优势的代表性案例,以腾讯平台为例探究平台用户规模与盈利能力之间的关系具有一定的典型性,具备研究价值;二是腾讯公司成立时间相对较早,虽然在用户数据的获取和整理中存在一定难度,但仍具有可获得的方法和途径,可以形成相对较长的时间序列数据,以观测平台用户规模的变化对平台盈利能力的影响,进而探究平台用户规模竞争对平台市场势力形成和扩大的作用;三是平台之间存在着较大的差异性,对单平台进行时间序列分析可以较为直观地探究平台用户规模和盈利能力之间的关系。

本小节的时间序列数据起始时间为 2011 年第一季度至 2018 年第四季度,共计 32 个季度。在实证分析以前,首先对数据进行一系列的处理工作:以 EViews 6.0 的 X-12 法对数据进行季度趋势调整,剔除季度因素等方面的影响;以 EViews 6.0 的 Quagratic-Match Average

方法将年度低频数据转化为季度高频数据,以补全个别缺失数据;对各个变量作对数处理,使趋势线性化,促进消除异方差现象,保证数据的平稳性。实证分析所涉及的变量说明、数据来源和描述性统计分析如表6-1所示。从描述性统计中可以看出,变量的标准差较小,数据较为平稳。

表6-1 变量说明、数据来源和描述性统计分析

变量名称	平台盈利能力	用户规模
变量符号	LNCR	LNUSER
变量定义	营业成本占据总收入的比重,对数处理	用户数量,对数处理
数据来源	官方网站财务报表、Wind 数据库	官方财务报表、发布会;Wind 数据库、艾瑞咨询、易观千帆、eMarketer 等网站
最大值	-1.89	2.38
最小值	-2.71	0.66
平均值	-2.3	1.81
标准差	0.23	0.5

三 实证过程与结果分析

为探究平台用户规模竞争与平台盈利能力之间的关系,本小节基于腾讯平台 2011 年第一季度至 2018 年第四季度的时间序列数据进行实证分析。

(一)平稳性检验

由于所选数据为时间序列数据,在分析平台厂商的用户规模与平台厂商盈利能力的关系之前,需要对时间序列数据的平稳性进行检验。在时间序列中,所谓数据平稳即序列的均值和方差不会随着时间的变化而变化。当时间序列的均值和方差随着时间变化而发生变化时,实证分析会出现伪回归或变量之间伪相关的情形,这将使实证分析的可信度大大降低。在本部分的实证分析中,使用 ADF(Augmented Dickey-Fuller)检验方法检验时间序列数据的平稳性。ADF 检验法的原理是,当 ADF 检验值大于临界值意味着时间序列存在单位根,

序列非平稳（原假设）；当 ADF 检验值小于临界值意味着时间序列不存在单位根，序列平稳（备择假设）。结果如表 6-2 所示。

表 6-2　平台用户规模与盈利能力的时间序列的单位根检验结果

变量	检验值	10%临界值	5%临界值	1%临界值	P 值	结论
$LNCR$	-2.880	-3.215	-3.563	-4.285	0.1797	不平稳
$LNUSER$	-2.911	-3.229	-3.588	-4.339	0.1748	不平稳
$\Delta LNCR$	-7.384	-3.218	-3.568	-4.297	0.0000	平稳
$\Delta LNUSER$	-4.989	-3.218	-3.568	-4.297	0.0019	平稳

从单位根检验结果可以看出，变量 $LNCR$ 和 $LNUSER$ 的 ADF 统计量均大于 10%显著性水平之下的临界值，这意味着接受原假设，两时间序列之间存在单位根，为非平稳序列。此时，对两时间序列实行一阶差分，结果显示 ADF 检验值均小于 1%显著性水平之下的临界值，则应拒绝原假设，表明一阶差分序列不再存在单位根，为平稳序列。由此可见，序列 $LNCR$ 和 $LNUSER$ 在 1%的置信水平下存在一阶单整 $I(1)$，也就是说，在一阶差分后，时间序列均变成了平稳序列，满足了平稳性条件。

（二）协整检验

由 ADF 单位根检验结果可知，$LNCR$ 和 $LNUSER$ 为一阶单整序列。虽然各变量的时间序列本身不具有平稳性，但变量之间的某些线性的组合则可能是平稳的，这些线性组合的关系可以反映出变量之间具有长期的均衡关系（Long-Run Equilibrium）。通常情况下，可以通过协整检验以确定是否存在该种长期均衡关系。常用的协整检验方法包括 EG-AD 两步法和 Johansen 法，鉴于本小节的时间序列数据为 32 个季度，是较为典型的小样本，因此选择 Johansen 方法进行协整检验，以尽量避免可能出现的估计偏差。在进行协整检验时，首先需要确定最佳滞后阶数，结果如表 6-3 所示。

表 6-3 平台用户规模与盈利能力的时间序列的滞后期检验结果

滞后阶数	评判准则					
	LOGL	LR	FPE	AIC	SC	HQ
0	42.30816	—	0.000193	−2.879155	−2.783997	−2.8150064
1	137.6580	170.2676*	2.83e−07*	−9.404146*	−9.118674*	−9.316874*

注：*代表在10%的水平上显著。

由检验结果可知，根据 FPE、AIC、HQ、SC 等准则，最佳滞后阶数为1。在确定最佳滞后阶数后，继续进行 Johansen 协整检验，结果如表6-4所示。

表 6-4 平台用户规模与盈利能力的时间序列的协整检验结果

原假设	特征值	迹检验统计量	5%临界值	P 值
不存在协整关系*	0.665418	43.13567	15.49471	0.0000
至多存在一个协整关系*	0.290349	10.28947	3.841466	0.0013

注：*表示在5%的显著性水平上拒绝原假设。

由检验结果可知，*LNCR* 和 *LNUSER* 显著拒绝了没有协整关系的假设，表明至少存在一个协整关系，也显著拒绝了至多存在一个协整关系的假设，表明在5%的显著水平下存在两个协整关系。

（三）向量误差修正模型

由 Johansen 协整检验结果可知，*LNCR* 和 *LNUSER* 之间存在两个协整关系，即两个变量之间存在长期稳定的均衡关系。但从短期来看，两个变量之间可能受到许多因素的影响，从而导致协整关系偏离均衡路径。因此，要在协整检验的基础上建立误差修正模型，目的是将两者的短期变化与长期关系相联系起来。由检验结果得到误差修正模型方程为：

$$\Delta LNCR = 0.018191 ecm_{t-1} - 0.506952 \Delta LNUSER_{t-1} - 0.5034 \Delta LNCR_{t-1}$$
$$+ 0.001379 \tag{6-7}$$

结果显示，为维持长期的均衡状态，当序列短期内发生偏离的时候，当期以 0.018191 的力度对上一期进行调整，将其修正为长期均衡状态。

（四）VAR 模型分析

综合以上分析，确定滞后阶数为 1 的 VAR 模型为：

$$\begin{bmatrix} LNCR \\ LNUSER \end{bmatrix} = \begin{bmatrix} 0.013947 & 0.041803 \\ -0.246373 & 0.901983 \end{bmatrix} \begin{bmatrix} LNCR \\ LNUSER \end{bmatrix}_{t-1} + \begin{bmatrix} -0.809184 \\ 0.151575 \end{bmatrix} + \begin{bmatrix} \varepsilon_{1t} \\ \varepsilon_{2t} \end{bmatrix}$$

(6-8)

在 VAR 模型中，就平台盈利能力即成本收入比率而言，平台用户规模的滞后一期对平台成本收入比率的影响系数为-0.246373，表明平台用户规模的扩大对成本收入比率产生了负向影响，有利于平台盈利能力的提高；平台成本收入比率的滞后一期的影响系数为 0.013947，表明平台盈利也受到自身的影响。就平台用户规模而言，平台成本收入比率的滞后一期对用户规模的影响系数为 0.041803，表明平台成本收入比率的提高会促进用户规模的扩大；平台用户规模的滞后一期的影响系数为 0.901983，表明平台用户规模受其自身发展状况的影响较大。

（五）格兰杰因果检验

由上述检验可知，序列 $LNCR$ 和 $LNUSER$ 之间存在长期协整关系，平台的用户规模与平台盈利两个变量构成的经济系统是相对稳定的，说明扩大用户规模与盈利之间存在正相关长期协整关系，但并不表明用户规模与平台盈利之间存在因果关系，因此还需要进一步验证两者之间是否构成因果关系。通常意义上，计量经济学的因果检验需要确定因果关系具体是从 x 到 y、从 y 到 x，还是各个变量之间存在双向的因果关系。根据 Granger（1969）提出的检验方法与思路，如果 x 是 y 的因，y 不是 x 的因，那么可以利用 x 的过去值来帮助预测 y 的值，但 y 的过去值却无法帮助预测 x 的值。本小节在前文检验的基础上进行格兰杰因果检验，结果如表 6-5 所示。

表 6-5 平台用户规模与盈利能力的时间序列的格兰杰因果检验结果

原假设	F 统计量	P 值	结论
LNUSER 不是 LNCR 的因	8.27635	0.0076	拒绝
LNCR 不是 LNUSER 的因	3.67845	0.1654	接受

根据格兰杰因果检验结果，LNCR 和 LNUSER 存在单向因果关系。在10%的显著性水平下，拒绝了"用户规模不是平台盈利能力的格兰杰原因"的原假设，也就是说平台厂商用户规模的扩大有利于促进平台盈利能力的提高。与此同时，由于没有拒绝"平台盈利能力不是用户规模的格兰杰原因"，可以认为平台盈利能力对扩大用户规模的推动效应并不十分显著。由此可见，平台用户规模扩大能够促进平台盈利能力的提升，而平台盈利能力并不能促进用户规模的扩大。究其原因，一方面，平台用户规模的扩大有利于扩大交易量，提高平台厂商的收入，有利于平台盈利能力的提升和市场份额的扩大，进而增强平台厂商的市场势力；另一方面，平台用户规模的扩大受多方面因素的影响，尤其是用户之间的交叉网络外部性，一边用户数量越多、交叉网络外部性越强，就越有利于另一边用户数量的增加，从而能够促进平台整体用户规模的扩大。

（六）脉冲响应函数分析

在前文检验的基础上，本小节通过脉冲效应函数（IRF）以识别和分析变量对于扰动项冲击的动态反应情形，分析结果如图 6-1 所示。

从图 6-1 可以看出，LNCR 对于来自自身的标准差信息冲击的脉冲响应最开始呈现正相关，在第二期归为零；对于来自 LNUSER 的标准差信息冲击的脉冲响应呈现正相关，而后逐渐下降，在第二期变为负相关，之后趋近于零。LNUSER 对于来自自身的标准差信息冲击的脉冲响应从第二期开始下降，而后逐渐归为零；对于来自 LNCR 的标准差信息冲击的脉冲响应首先呈现出逐渐上升的正相关趋势，从第二期开始下降，而后逐渐归为零。

第六章 平台用户规模竞争与用户类别竞争的实证分析

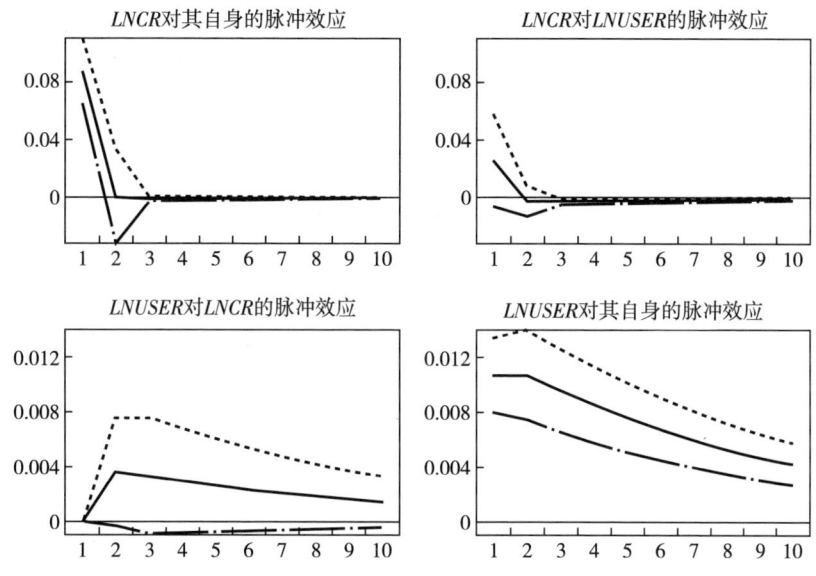

图6-1 脉冲响应函数曲线

根据脉冲响应函数曲线可知,平台用户规模扩大能够促进平台盈利能力的提高。平台厂商通过多种方式扩大用户规模无疑是提高平台收益的重要路径选择,这一结论与前面的协整分析和格兰杰因果分析完全一致。同时,平台盈利能力的波动也会影响其自身的发展,产生了一定的负效应,因此为促进平台盈利能力的提高,应尽量降低平台成本支出,提高平台收入规模,维持平台系统的稳定。此外,平台用户规模的波动会影响其自身的变化,产生一定的正效应,可见平台厂商的用户数量越多,越有利于用户规模优势的强化,提高平台用户在交叉网络外部性作用下的效用水平,增强参与意愿,促进平台用户规模的进一步扩大。此外,平台用户规模的波动会受到平台盈利能力的影响,可知平台的成本支出有利于平台积累用户规模,而用户规模的扩大会增加平台的收入,从而使平台能够逐步降低成本在收入中的比重,进而提高平台的盈利能力。

(七) 方差分解

前文脉冲响应函数分析主要是探究一个内生变量的冲击影响其他

内生变量的程度，为进一步分析每个结构冲击对内生变量的影响，本小节使用方差分解方法进行进一步分析，结果如表6-6所示。

表6-6　平台用户规模与盈利能力的时间序列的方差分解检验结果

时期	LNCR方差分解			LNUSER方差分解		
	S. E.	LNCR	LNUSER	S. E.	LNCR	LNUSER
1	0.0107	91.9586	8.0414	0.0914	0.0000	100.0000
2	0.0156	91.9028	8.0972	0.0914	5.4996	94.5002
3	0.0186	91.8246	8.1754	0.0915	7.1012	92.8988
4	0.0207	91.7619	8.2381	0.0915	7.8251	92.1749
5	0.0222	91.7123	8.2877	0.0915	8.2283	91.7717
6	0.0234	91.6730	8.3270	0.0915	8.4796	91.5204
7	0.0242	91.6419	8.3581	0.0916	8.6474	91.3526
8	0.0249	91.6173	8.3827	0.0916	8.7647	91.2353
9	0.0254	91.5978	8.4023	0.0916	8.8492	91.1508
10	0.0258	91.5823	8.4177	0.0916	8.9116	91.0884

从表6-6可以看出，LNCR在第一期中的预测方差有8.04%是由LNUSER引起的，91.96%是由自身扰动引起的，随后受LNUSER的影响不断上升，受自身的影响不断减小，可见平台盈利能力主要受自身变化的影响，受用户规模的影响不断上升，受自身影响逐渐减小。LNUSER在第一期的预测方差完全是由自身变化引起的，从第二期开始受自身的影响逐渐减小，受LNCR的影响逐渐增大。由此可见，用户规模受自身的影响较大，而受平台收益的影响较小。

平台盈利能力方差分解的结果反映了腾讯平台用户规模的变化能够影响平台盈利能力，且随着时间的推移这种影响作用不断增强，这与上文脉冲响应函数分析的结果是相一致的。因此，平台厂商扩大用户规模是促进平台盈利能力提升的重要路径之一。平台用户规模的方差分解结果反映了平台用户规模受自身的影响较大，而平台盈利能力对用户规模的影响较小。在平台各边用户之间的交叉网络外部性的作用下，参与平台的用户数量越多，用户在平台中所获得的效用水平就会越高,也就越有利于平台形成更大的用户规模优势。尽管平台盈利能力的提高可能会通过平台产品或服务的质量改进而影响用户的参与,但用户规模的方差分解结果从侧面反映了平台厂商在通过盈利能力的提高改进产品或服务的质量进而以此扩大用户规模等方面仍具有较大的提升空间。

通过协整检验、格兰杰因果检验、脉冲响应函数分析与方差分解等方法对腾讯平台的用户规模与盈利能力之间的关系进行的实证分析可知,平台厂商的用户规模与其盈利能力之间存在长期的稳定关系,平台扩大用户规模有利于增加平台收入,进而提升平台的盈利能力,就该意义而言,平台厂商致力于扩大用户规模是明智之举。平台厂商的用户规模优势有利于平台厂商获取更大的市场份额,并逐步形成向其他领域扩展的能力,这对其市场地位的稳固和市场势力的扩大具有重要意义。这一点与前文的分析是相吻合的,符合预期经济理论。

第二节 平台用户类别竞争的实证分析

本节探究平台厂商增加用户类别对平台厂商自身及其竞争对手的影响,主要分为四个小节:第一小节进行理论基础分析并建立研究假设;第二小节为样本和实证方法的选择,并建立理论模型;第三小节为实证过程并对实证结果进行分析和讨论;第四小节为稳健性检验,检验本节实证结果的有效性。

一 理论基础与研究假设

厂商增加用户类别涉足多个领域并非平台经济独有的经济现象,在传统经济领域中也同样存在厂商进入多个市场即实行多元化竞争的现象。基于互联网技术的发展,平台厂商可以增加用户类别并进入不同的领域,并在此过程中于多个市场中共用如算法、数据分析、流量等关键性生产要素,实现对用户资源的重新利用和整合,在交叉网络外部性的作用下进一步扩大用户规模,使平台中提供的多样化产品或服务的成本低于分别提供的成本总和，获得基于用户的范围经济和规模经济优势。互联网平台借此可以根据自身的布局和规划跨入与核心业务并不相关的领域（陈禹等，2018），在共同关键生产要素的过程中促进平台收益的提高。为此，提出如下假设：

假设6-1：平台厂商增加用户类别所形成的范围经济和规模经济优势能够对其自身产生有利影响。

新增用户的交叉网络外部性强度会影响平台的收益，若平台新增加用户类别具有较强的交叉网络外部性，则该用户类别可以对平台原有用户类别的效用水平产生较大的影响，从而能够促使平台形成较大的匹配或交易量，若平台新增用户类别不具有较强的交叉网络外部性，则该用户的参与就无法对原有用户类别的效用水平产生较大的影响，也就无法促使平台形成较大的匹配或交易规模。在增加用户类别的过程中，平台厂商需要对整个平台的用户、产品及服务进行重新整合，承担着各个用户类别之间的协调成本和管理成本（戚聿东和蔡呈伟，2019），尤其当新增用户类别的交叉网络外部性强度较低时，平台将会承担较高的协调成本和管理成本。这意味着平台厂商在进入新市场过程中面临着不确定性。当平台厂商并不具备较好的跨界时机和布局规划时，即使实力雄厚，其在新市场也未必能形成显著的竞争优势，甚至会陷入"跨界困境"（章长城、任浩，2018）。为此，提出如下假设：

假设6-2：平台厂商增加用户类别所形成的成本会弱化其自身的竞争优势。

平台厂商增加用户类别将对市场竞争带来潜在的影响。技术进步使市场边界逐渐模糊，市场进入壁垒降低，平台厂商凭借技术和用户优势可以进入与其核心业务毫不相关的市场，这使跨界竞争的现象时有发生，加剧了市场竞争的激烈程度，提高了竞争对手的竞争压力。平台厂商凭借技术或用户优势，在涉足新市场时可以形成融合式创新，颠覆市场中原有的产品或服务的模式（赵振，2015），如阿里巴巴在增加基金提供商进入理财市场时形成互联网金融的新兴理财方式等（张骁等，2019）。平台厂商增加用户类别进入新市场，使平台提供的产品或服务的种类增加，消费者可选择的范围得以扩大，平台厂商可以进一步发掘消费者的价值，拓展消费者需求并提供更为完整的用户体验，此举将提升消费者群体对整个市场的需求，竞争对手在此过程中也可"搭便车""分一杯羹"，一定程度上能够对竞争对手带来有利影响。基于此，提出两个假设：

假设6-3a：平台厂商增加用户类别进入新市场将加大市场竞争压力，对其他竞争者产生不利影响。

假设6-3b：平台厂商增加用户类别进入新市场将增加市场需求，对其他竞争者产生有利影响。

二　样本选择、实证方法与模型设定

在进行实证分析前，首先对样本的选择和实证过程所使用的方法进行介绍，并阐释模型的基本设定。

（一）样本选择

在研究对象的选择上，选取增加用户类别涉足新领域的平台厂商，包括谷歌、微软和网易，共涉及这三家公司的四次增加用户类别的竞争行为，分别为：（1）谷歌并购优兔（YouTube）增加在线视频内容提供方一类用户进入在线视频市场；（2）微软并购领英（LinkedIn）增加招聘方一类用户进入职场社交市场；（3）网易推出"网易考拉"增加卖家一类用户进入电子商务市场；（4）网易推出"网易云音乐"增加音乐提供商一类用户进入在线音乐市场。在这四次平台厂商增加用户类别进入新市场的案例中共涉及上市平台厂商数量为17家，本节以此为研究对象，检验平台厂商增加用户类别进入新市场对平台厂商自身和竞争对手的影响。

选择"谷歌优兔""微软领英""网易考拉""网易云音乐"四个案例进行实证分析的原因有三个：第一，四个案例分属不同的行业或市场，且国内市场案例和国外市场案例均有涉及，如"谷歌优兔"涉及在线搜索和在线视频市场，"微软领英"涉及操作系统和职场社交市场，"网易考拉"涉及门户网站和电子商务市场，"网易云音乐"涉及门户网站和在线音乐市场，其中"谷歌优兔""微软领英"为国外发生的平台用户类别竞争的案例，"网易考拉""网易云音乐"为国内发生的平台类别竞争的案例，案例的选择具有一定的代表性；第二，四个案例中平台增加用户类别期间即事件的窗口期内并未发生能够对股价造成较大冲击的诸如并购一类的事情，因此对其进行实证分析所得出的结果是各厂商对增加用户类别所做出的反应，具有一定的可信度；第三，四个案例涉及的平台厂商谷歌、微软和网易的经营情况较为稳定，均为成立时间较长的上市公司，在数据和资料上具有可获得性。基于这三个方面的原因，本节以这四个案例实证分析平台厂商增加用户类别进入新市场对平台厂商自身和竞争对手的影响。

谷歌、微软和网易增加用户类别进入新市场的事实描述如下。

2006年10月9日，谷歌公司并购视频网站优兔（YouTube）进入在线视频市场①。在该案例中，谷歌平台增加了在线视频内容提供方一类用户，从而使自身从搜索广告市场跨入在线视频市场。谷歌是全球最大的搜索引擎公司，从营收来源来看，搜索广告收入是谷歌公司的主要收入来源，因此其竞争对手主要为以广告为主要收入的公司，根据事件发生的年限，谷歌在美国的主要竞争对手为以广告收入为主的雅虎公司（Yahoo）、哥伦比亚广播公司（CBS）、甘尼特报业公司（Gannett Company）。优兔为视频短片分享服务网站，其在事件发生年限内在美国主要的竞争对手为以在线影片租赁为主要业务的奈飞公司（Netflix）。

2016年6月13日，微软公司并购职场社交网站领英（LinkedIn）进入职场社交市场②，在该案中微软平台增加了招聘单位一类商户，使自身从操作系统市场跨入职场社交市场。微软是全球最大的软件提供商，在桌面操作系统市场中，Windows领先于苹果公司的Mac OS；在移动操作系统市场中，Windows Phone的主要竞争对手为谷歌公司的Android系统和苹果公司的iOS系统。本节将微软的竞争对手界定为全美地区的软件提供商，包括谷歌公司和苹果公司。领英为职场社

---

① 《谷歌收购YouTube十周年：仍未盈利却已改变世界》，https：//www.sohu.com/a/115751309_114885，2016年10月10日。
② 《微软宣布262亿美元收购LinkedIn》，http：//finance.sina.com.cn/stock/usstock/c/2016-06-13/us-ifxszkzy5209483.shtml，2016年6月13日。

交网站，连接招聘单位与求职者，促使招聘单位录用求职者以及求职者进入招聘单位。2013 年领英的注册用户数达到 2.25 亿①，成为美国地区最大的职场社交网站，其在职场社交最大的劲敌即脸书（Facebook），2010 年 7 月开始寄生于脸书的职场社交网络 BranchOut 能够利用脸书强大的社交用户规模优势而展开对招聘单位和求职者的匹配，且脸书自身也一直在寻求利用自身的用户优势而上线求职功能，抢夺领英忽略的用户群体，即寻求兼职、小时工、技能较低的用户群体，这对以高技能工作为主要目标的领英形成极大的竞争威胁，因此本节根据事件发生的年限将领英在美国地区的竞争对手设定为脸书。

网易公司于 2015 年 1 月 9 日推出"网易考拉"②，引入商户形成以跨境业务为主的综合型电商，实现了从门户网站向电子商务市场的跨界。网易是国内领先的综合型门户网站，其在国内的主要竞争对手为搜狐、新浪、腾讯。网易考拉在国内的主要竞争对手为其他电子商务网站，即阿里巴巴旗下的淘宝网和天猫网、唯品会、京东商城、苏宁易购、国美商城等。需要提及的是，阿里巴巴和京东商城上市时间较晚，将其纳入事件分析过程中会影响估计窗口的设定和估计结果的可信度，因此后文在进行实证分析时选择将其剔除。此外，网易公司还于 2013 年 4 月 23 日推出网易云音乐③，在平台中引入了音乐提供商一类商户从而实现了从门户网站向在线音乐服务市场的跨界。根据事件发生的年限，网易公司在国内的竞争对手依然是其他主要的门户网站搜狐、新浪和腾讯，而在在线音乐服务市场，上市公司中只有百度在 2006 年年底推出了"百度音乐盒"，因此根据网易云音乐的推出时间，网易公司的主要竞争对手为百度公司。

（二）实证方法

事件研究法（Event Study）是以评估某一事件的发生或者信息的

---

① 根据领英公司 2013 年第一季度财报整理。
② 《网易考拉海购这一年多做了这些》，https：//3g.163.com/tech/article/BJANT76K00092594.html，2016 年 3 月 29 日。
③ 《丁磊发布网易云音乐 五大唱片高层齐助阵》，https：//www.163.com/ent/article/8T5PUVN700031H0O.html，2013 年 4 月 23 日。

发布是否会影响股票价格或者交易量的变化的研究方法，是公司并购重组绩效研究的重要方法。平台厂商增加用户类别进入新市场对其自身以及竞争对手的影响，主要体现为进入新市场前后厂商超额收益的获取情况。当平台厂商获得了超额收益，说明平台增加用户类别促使用户规模扩大，形成范围经济和规模经济优势对平台厂商起到了正向影响，平台厂商对该市场的进入对其自身是有利的。若平台厂商无法获得超额收益，平台厂商增加用户类别所形成的协调成本、管理成本等因素的负面影响超越了范围经济和规模经济优势对平台厂商的正向影响，平台厂商进入新市场是不利的。此外，若其竞争对手获得了超额收益，说明平台厂商增加用户类别在一定程度上提升了市场需求量，有利于竞争对手的收益提升。若平台厂商的竞争对手无法获得超额收益，则说明平台厂商增加用户类别提高了市场的竞争程度，增加了整个市场的竞争压力，不利于竞争对手的收益的提升。本节通过事件研究法，以累积超额收益的显著性情况来判断平台厂商进入新市场对其自身和其竞争对手的影响。

事件研究法需要定义事件日、事件窗口和估计窗口。本节将事件日定义为平台厂商进入新市场的日期，记为 $T=0$，谷歌并购优兔进入在线视频市场为 2006 年 10 月 9 日、微软公司并购领英进入职场社交市场为 2016 年 6 月 13 日、网易公司进入电子商务市场为 2015 年 1 月 9 日、网易公司进入在线音乐市场为 2013 年 4 月 23 日。为更加细致地探究平台厂商增加用户类别进入新市场对平台厂商自身和其竞争对手的影响，本节对四个案例定义多个不同的时间窗口，涉及事件发生前的 5 天、10 天以及事件发生后的 20 天等，包括 [-10，0]、[-5，0]、[0，10]、[0，18]、[0，20]、[8，18]、[10，17]、[11，19]、[12，20] 等窗口。为估计模型参数，本节还需要界定估计窗口，为避免受到事件的影响，估计窗口不能与事件窗口交叉重叠，因此本节对四个案例选取 [-157，-15] 共计 142 个交易日作为估计窗口。

（三）模型设定

事件研究法最为重要的是计算超额收益和累积超额收益，本节选择应用较为广泛且对模型假设条件敏感度较低的市场模型来计算超额收益。假设上市平台厂商 i（$i=1$，2，3，…）以及市场组合在 t 期的收益率 R_{it} 和 R_{mjt}（$j=1$，2，3）的关系可以表示为：

$$R_{it} = \alpha_i + \beta_i R_{mjt} + \varepsilon_{it} \tag{6-9}$$

其中，$E(\varepsilon_{it}) = 0$，$Var(\varepsilon_{it}) = \sigma_{\varepsilon i}^2$。

对于市场组合的收益率，选取标普500指数（S&P 500）匹配美国纳斯达克交易所和纽约交易所上市的美股样本，选取香港恒生指数（HSI）匹配港股样本，选取沪深300指数（SH 300）匹配沪深交易所上市的A股样本。

在股票收益率的计算方法选择中，选取对数方法以使股票收益率数据平滑，降低估计偏差。假设 P_{it}、P_{m1t}、P_{m2t} 和 P_{m3t} 分别为厂商 i 和标普500指数、香港恒生指数和沪深300指数在 t 时期的收盘价，则个股日收益率与市场组合日收益率分别为：

$$R_{it} = \ln \frac{P_{it}}{P_{i(t-1)}}, \quad R_{m1t} = \ln \frac{P_{m1t}}{P_{m1(t-1)}}, \quad R_{m2t} = \ln \frac{P_{m2t}}{P_{m2(t-1)}}, \quad R_{m3t} = \ln \frac{P_{m3t}}{P_{m3(t-1)}}$$

根据式（6-9）可以估计模型参数 $\hat{\beta}$，将 $\hat{\beta}$ 代入市场模型，进而可以计算出时间窗口的预期收益率：

$$\hat{R}_{it} = \hat{\alpha} + \hat{\beta} \hat{R}_{mjt} \tag{6-10}$$

实际收益率与预期收益率之差为事件期内的超额收益率，即：

$$AR_{it} = R_{it} - \hat{R}_{it} \tag{6-11}$$

为描述平台厂商进入市场对其自身和竞争对手的股票的影响，需要计算时间窗口内每一只股票的累积超额收益率，即：

$$CAR_i[t_1, t_2] = \sum_{t=t_1}^{t_2} AR_{it} \tag{6-12}$$

为分析事件对多个竞争对手股票的影响，需计算所有股票的平均超额收益率，即：

$$AAR = \frac{1}{n} \sum_{i=1}^{n} AR_{it} \tag{6-13}$$

进一步，多只股票的平均累积超额收益率可以表示为：

$$CAAR_i[t_1, t_2] = \sum_{t=t_1}^{t_2} AAR_{it} = \frac{1}{n} \sum_{i=1}^{n} CAR_{it}[t_1, t_2] \tag{6-14}$$

接下来，本节将使用事件研究法对平台进入新市场的股票样本数据进行回归分析，估计每个平台累积超额收益率的显著性，以考察平台增加用户类别进入新市场对其自身和竞争对手的影响。

三　实证过程与结果分析

本小节对四个案例分别进行实证分析，各案例的实证结果之间不存在关联，但为行文简洁，本部分对四个案例的分析结果一并呈现于同一个表格。

（一）统计性描述分析与平稳性检验

四个案例的统计性描述分析如表6-7所示。在谷歌并购优兔案例中，各变量的日收益率的均值大多为负值，各变量的日收益率的中位数也多为负值，说明各变量日收益率下降的幅度大多大于上升的幅度，从标准差来看，各变量的日收益率波动不大。在微软公司并购领英案例中，各个变量的日收益率中只有领英公司和苹果公司的日收益率的均值为负值，但所有变量的日收益的中位数均为正值，这说明所有变量的日收益率的上升幅度要大于下降幅度，且从标准差来观察，各个变量的日收益率的波动较小。在网易公司推出网易考拉案例中，将近一半变量的日收益的均值为负，但大多数变量的日收益率的中位数为正值，说明大多数变量的日收益率的上升幅度要大于下降幅度，各变量的日收益率的标准差数值较小，波动不明显。在网易公司推出网易云音乐案例中，大多数变量的日收益的均值和中位数为正值，且标准差数值较小，说明各变量的日收益率上升幅度较大，且波动较小。

表6-7　　　　　　　　　　　统计性描述

案例	变量	均值	最大值	最小值	中位数	标准差
谷歌优兔案例	谷歌	−0.0013	0.0680	−0.1172	−0.0017	0.0245
	雅虎	−0.0027	0.0691	−0.2464	−0.0010	0.0284
	哥伦比亚	0.0003	0.0434	−0.0306	−0.0003	0.0143
	甘尼特	−0.0009	8.6895	−8.6847	0.0000	0.0981
	奈飞	−0.0014	0.1446	−0.2352	−0.0006	0.0322
	标普500	0.0001	0.0213	−0.0185	0.0003	0.0070

续表

案例	变量	均值	最大值	最小值	中位数	标准差
微软领英案例	微软	0.0006	0.0960	−0.0744	0.0013	0.0176
	领英	−0.0002	0.3828	−0.5733	0.0004	0.0567
	谷歌	0.0003	0.0546	−0.0557	0.0017	0.0150
	苹果	−0.0007	0.0518	−0.0680	0.0002	0.0168
	脸书	0.0011	0.1443	−0.0599	0.0011	0.0203
	标普500	0.0003	0.0245	−0.0366	0.0002	0.0099
网易考拉案例	网易	0.0020	0.0458	−0.0430	0.0026	0.0170
	搜狐	−0.0004	0.0885	−0.0795	0.0000	0.0251
	新浪	−0.0023	0.0270	−0.0592	−0.0006	0.0167
	腾讯	0.0008	0.0608	−0.0402	−0.0009	0.0182
	唯品会	−0.0247	0.1012	−2.2678	0.0005	0.0238
	苏宁	0.0028	0.0950	−0.0626	0.0024	0.0264
	国美	−0.0030	0.0581	−0.0678	0.0000	0.0225
	标普500	0.0002	0.0237	−0.0209	0.0002	0.0091
	香港恒生	0.0002	0.0193	−0.0262	0.0008	0.0097
	沪深300	0.0039	0.0451	−0.0802	0.0017	0.0180
网易云音乐案例	网易	0.0006	0.0661	−0.1603	0.0019	0.0240
	搜狐	0.0024	0.1126	−0.1172	0.0023	0.0246
	新浪	0.0009	0.1243	−0.1640	−0.0029	0.0299
	腾讯	0.0012	0.0629	−0.0720	0.0007	0.0168
	百度	−0.0016	0.0595	−0.1065	−0.0025	0.0250
	标普500	0.0009	0.0279	−0.0240	0.0006	0.0074
	香港恒生	0.0008	0.0304	−0.0277	0.0010	0.0088

本节所使用的股票收益率数据为时间序列数据，当时间序列数据不平稳时，会使接下来的回归分析中存在伪回归。为保证回归结果的有效性，本节在使用事件研究法分析平台厂商进入新市场对其自身和竞争对手的影响之前，选择 ADF 方法对每个平台厂商的股票日收益率和标普 500 指数、香港恒生指数和沪深 300 指数的日收益率进行单位根检验。其中，根据样本容量，依据 $P_{\max}=[12 \cdot (T/100)^{1/4}]$ 计算

滞后阶数,其中 T 代指样本容量,$T=142$。

本节所研究案例的各厂商股票和指数的日收益率的 ADF 检验结果如表 6-8 所示。从 ADF 检验结果可以发现,四个案例中各变量的股票日收益率和各指数的日收益率的 ADF 统计量均小于 1%、5%、10% 水平下的临界值,能够强烈拒绝"存在单位根"的原假设,可知本节实证分析中所涉及的四个案例中的变量的日收益率数据是平稳的,可以进行接下来的回归分析。

表 6-8　　　　　　　　ADF 单位根检验结果

案例	变量名称	ADF 单位根检验			
		P 值	ADF 统计量	1%	5%	10%
谷歌优兔案例	谷歌	0.0000	-11.933	-3.491	-2.886	-2.576
	雅虎	0.0000	-12.486	-3.491	-2.886	-2.576
	哥伦比亚	0.0000	-13.050	-3.491	-2.886	-2.576
	甘尼特	0.0000	-21.514	-3.491	-2.886	-2.576
	奈飞	0.0000	-13.902	-3.491	-2.886	-2.576
	标普 500	0.0000	-12.592	-3.491	-2.886	-2.576
微软领英案例	微软	0.0000	-13.444	-3.485	-2.885	-2.575
	领英	0.0000	-13.844	-3.485	-2.885	-2.575
	谷歌	0.0000	-13.376	-3.485	-2.885	-2.575
	苹果	0.0000	-12.873	-3.485	-2.885	-2.575
	脸书	0.0000	-14.126	-3.485	-2.885	-2.575
	标普 500	0.0000	-14.384	-3.485	-2.885	-2.575
网易考拉案例	网易	0.0000	-8.612	-3.524	-2.898	-2.584
	搜狐	0.0000	-7.980	-3.524	-2.898	-2.584
	新浪	0.0000	-8.801	-3.524	-2.898	-2.584
	腾讯	0.0000	-7.609	-3.524	-2.898	-2.584
	唯品会	0.0000	-9.298	-3.524	-2.898	-2.584
	苏宁	0.0000	-10.600	-3.524	-2.898	-2.584
	国美	0.0000	-10.260	-3.524	-2.898	-2.584
	标普 500	0.0000	-8.286	-3.524	-2.898	-2.584
	香港恒生	0.0000	-9.430	-3.524	-2.898	-2.584
	沪深 300	0.0000	-9.618	-3.524	-2.898	-2.584

续表

案例	变量名称	ADF 单位根检验			
		P 值	ADF 统计量	1%	5%	10%
网易云音乐案例	网易	0.0000	-12.195	-3.482	-2.884	-2.574
	搜狐	0.0000	-15.115	-3.482	-2.884	-2.574
	新浪	0.0000	-16.445	-3.482	-2.884	-2.574
	腾讯	0.0000	-11.585	-3.482	-2.884	-2.574
	百度	0.0000	-13.579	-3.482	-2.884	-2.574
	标普500	0.0000	-14.331	-3.482	-2.884	-2.574
	香港恒生	0.0000	-14.026	-3.482	-2.884	-2.574

（二）累积超额收益率的显著性结果分析

本小节通过 Stata 15 计量软件，根据厂商股价的累积超额收益率来考察平台厂商增加用户类别进入新市场的反应。在检验事件期内厂商的累积超额收益率的显著性时使用参数检验方法，即传统的 T 检验方法。在进行稳健性检验时为提高检验结果的准确性，将同时使用参数检验和非参数检验两种方法，即在参数检验方面采用传统的 T 检验方法，在非参数检验方面采用不受特定分布假设限制的符号检验方法。表 6-9 为平台厂商增加用户类别进入新市场的案例在不同的事件窗口的累积超额收益率的显著性结果，接下来将逐一进行分析。

从表 6-9 可以看出，谷歌案例中，谷歌从事件发生前的负收益逐渐转变为事件发生后的正收益，且显著性程度逐渐得到提升，这种正向变化趋势在谷歌进入在线视频市场的第十天开始表现得较为明显，例如 [11, 19]、[8, 18]、[10, 17]、[12, 20] 窗口。优兔的竞争对手奈飞的累积超额收益率在事件发生以前正向收益并不显著，事件发生后的十天左右甚至还出现了负收益，但随后逐渐呈现显著的正向变化趋势。雅虎与哥伦比亚广播公司的超额收益率在事件后转变为负向变化趋势或增加了显著性程度，甘尼特则与此相反。微软案例中，微软的累积超额收益率在该事件发生以前尤其在 [-10, 0] 和 [-5, 0] 两个窗口期为显著的正向收益，在事件发生以后转变为显著的负向收益。作为被并购的一方的领英的超额收益率的变化趋势与

表6-9　累积超额收益显著性检验结果

案例	事件窗口	[12, 20]	[11, 19]	[10, 17]	[8, 18]	[0, 20]	[0, 18]	[0, 10]	[-5, 0]	[-10, 0]
谷歌优兔案例	谷歌	40.5476***	31.7614***	30.0284***	6.2604***	2.4329**	1.8631**	-1.2146	-0.9265	-3.0568**
	雅虎	-5.5730***	-5.2256***	-5.8650***	-6.2563***	-9.3856***	-10.5983***	-27.1271***	-4.3639***	-9.3159***
	哥伦比亚	-18.3342***	-14.4955***	-10.1396***	-11.7636***	-16.9312***	-16.2905***	-13.7397***	-1.4614	-2.9841**
	甘尼特	18.2237***	18.2431***	25.2066***	19.8725***	16.9781***	15.6399***	13.4066***	0.0445	2.7130**
	奈飞	39.4438***	37.6673***	5.5038***	3.1479**	2.4919**	1.9351**	-5.5613***	-0.3700	1.0117
微软领英案例	微软	-12.2874***	-11.1845***	-9.9261***	-8.8684***	-6.7075***	1.6565	1.9490*	2.5260**	2.2688**
	领英	7.3274***	6.4448***	5.5635***	4.6826***	2.3522*	-0.4276	0.1900	-0.4163	-0.1236
	谷歌	-12.5774***	-11.2411***	-9.9406***	-8.6028***	-4.8015***	1.5552	1.8635*	2.3831**	2.1526**
	苹果	-4.5645***	-3.9033***	-3.4946***	-2.9155**	-2.1421*	0.5818	1.0420	1.0089	1.0352
	脸书	-16.8981***	-16.4559***	-14.9550***	-13.5531***	-10.0310***	2.2536***	2.4529*	3.3690***	2.9542**
网易考拉案例	网易	6.4610***	8.4513***	7.8238***	6.8605***	5.9941***	3.8945***	1.7562	-1.5108	-3.8013**
	搜狐	7.0297***	6.5552***	5.7040***	4.8302***	3.9913***	2.4558**	1.2726	2.0471	-0.8296
	新浪	4.1356***	3.4765***	2.8377***	2.1375*	1.4151	-0.5764	-7.7921***	-0.2081	-1.1878
	腾讯	15.5236***	14.3044***	13.1207***	11.9507***	11.3933***	17.4117***	47.4174***	1.8964	0.9104

第六章 平台用户规模竞争与用户类别竞争的实证分析

续表

事件窗口 案例		[12, 20]	[11, 19]	[10, 17]	[8, 18]	[0, 20]	[0, 18]	[0, 10]	[-5, 0]	[-10, 0]
网易考拉案例	唯品会	18.0306***	17.6911***	17.5966***	16.9036***	17.0543***	21.5093***	19.9436***	8.0820***	4.0389***
	苏宁	4.7559***	4.8777***	6.5651***	6.1699***	6.0271***	3.9754***	1.8517	-0.4092	-2.5552**
	国美	20.9158***	25.1086***	25.9309***	27.0090***	24.8430***	26.4464***	18.5843***	10.4127***	5.7213***
网易云音乐案例	网易	8.3373***	5.3789***	6.8272***	5.1759***	3.9811***	1.3898	-0.8849	-29.5400***	-6.1783***
	搜狐	25.2441***	20.0493***	16.8215***	9.5168***	7.7194***	6.8881***	8.9477***	3.8809***	3.0509**
	新浪	28.6372***	36.0696***	38.0417***	11.7674***	9.2784***	4.3036***	1.6188	-0.7629	1.0449
	腾讯	8.0308***	7.1113***	8.7912***	8.0700***	8.3599***	4.3781***	6.6327***	3.9871***	4.1347***
	百度	16.1873***	12.9811***	15.9234***	8.6731***	7.0857***	4.1970***	2.4999**	6.6468***	8.0459***

注：表中为T检验结果（T值），*、**、*** 分别代表在10%、5%和1%的水平上显著。

微软相反，尤其从该事件发生的十四天开始，超额收益的正向变化趋势极为显著。苹果、谷歌和脸书的超额收益率在事件发生后均转变为负向变化趋势或增加了负向变化的显著程度。网易考拉案例中，网易的累积超额收益由该事件发生以前的显著的负向收益逐渐转变为事件发生后的显著的正向收益。网易的竞争对手的累积超额收益大多在事件窗口内不同程度地体现出了正向的变化趋势。网易云音乐案例中，网易在该事件发生以前为显著的负向收益，而后则表现出极为显著的正向收益，其中［12，20］、［11，19］、［10，17］窗口期中呈现出较高的正向收益。网易在门户网站市场的竞争对手如搜狐和腾讯主要表现为显著的正向收益，且正向收益随着时间的推进而增大，新浪由该事件发生以前并不显著的收益情况转变为显著的正向收益。网易在在线音乐市场的主要竞争对手百度主要表现为显著的正向收益，但其在该事件发生后的初期阶段显著性较低、正向收益较低。

通过对该事件的窗口期各个厂商的新闻进行梳理与分析，窗口期内并未发生能够对股价造成较大冲击的诸如并购一类的事情，因此以上经过实证分析所得出的结果是各厂商对事件发生所做出的反应。接下来进行具体分析。

谷歌并购日浏览量高达1亿的优兔[1]，使谷歌平台中增加了视频内容提供方一边的用户，服务内容因在线视频的增加而进一步丰富，能够促进消费者的参与意愿的提升和用户规模的扩大，进而进一步吸引广告商增加广告投放量，增加谷歌在广告业务中的收入分成。网易推出以跨境业务为主的同时包括自营业务和第三方卖家业务的"网易考拉"，消费者不仅可以从网易获取门户网站服务，还可以获得电子商务服务，这将有利于提升用户对网易的参与意愿，进而促进网易用户规模的扩大，形成范围经济优势和规模经济优势，最终促进广告投放量的增加和盈利水平的提升。网易涉足电子商务市场对其自身产生的有利影响在涉足之后陆续得以验证：2015年网易考拉上线后，网易

---

[1] 《谷歌收购YouTube十周年：视频行业就这样被改变了》，https：//tech.qq.com/a/20161010/044092.htm，2016年10月10日。

的电商等业务一栏的净收入为 36.99 亿元，同比增长 235.7%，2016 年时网易的电商等业务一栏的净收入同比增长达到 117.5%，网易考拉对网易全年业绩的占比从 2015 年的 16.22% 上升到 21.07%，成为推动网易平台整体业绩大幅度提高的引擎①。与此同时，网易考拉在跨境电商领域的市场份额一直稳居第一，2016 年份额为 21.6%，2017 年份额为 25.8%，2018 年份额为 27.1%②，高于排名第二的天猫国际，并大幅领先于京东全球购、唯品国际、小红书、洋码头、蜜芽网等跨境电商网站。网易增加音乐提供商进入在线音乐市场也是如此，在线音乐服务的提供提高了网易对用户的价值，有利于网易用户规模的扩大，从而促使网易提高整体收益水平。

微软案例中，微软与领英分属两个不同的市场，前者为消费者提供各种软硬件服务，后者为消费者提供职场社交服务，但由于两者之间均以消费者为纽带，因此二者的衔接可以进一步壮大用户规模优势。微软为保持和进一步加强自身的优势地位而进行了多个并购，如 2011 年收购即时通信软件 Skype，2012 年收购社交网络服务商 Yammer 等。2016 年 6 月 13 日微软对领英的并购目的即进一步扩大用户规模，进而在庞大用户规模的基础上展开各类产品的优化和创新（陈兵，2018）。早在并购前的 2013 年，领英的注册会员数目就达到 2.25 亿，并以每秒超过 2 人的速度急速增长③，这意味着领英在扩大用户规模方面具有较大的优势和较好的前景，预期微软并购领英可以在短时间内促进微软用户规模的进一步扩充和壮大，有利于强化微软的市场地位。但事实上，微软并购领英难以达到预期，其原因在于微软与领英在业务上的融合具有较高的难度，微软将领英的职场社交业务与其核心业务如操作系统、办公软件以及 Azure 云等业务进行整合的难度较大，导致需花费的成本较为高昂，这将使微软无法较为理想

---

① 根据网易公司 2014—2016 年年度和季度财报整理。
② 根据艾媒咨询《2016—2017 中国跨境电商市场研究报告》《2017—2018 中国跨境电商市场研究报告》《2018—2019 中国跨境电商市场研究报告》资料整理，网址分别为 https：//www.iimedia.cn/c400/47588.html、https：//www.iimedia.cn/c400/60608.html、https：//www.iimedia.cn/c400/63893.html。
③ 根据领英公司 2013 年第一季度财报整理。

地利用领英的用户优势。此外，微软曾在领英上市以前试图对其收购，但均以领英的 5 亿美元和 20 亿美元的报价较高而放弃，在错过该时机后，微软以 262 亿美元的高价实行收购，而且并购后依然保持独立的约定，使微软与领英的从属和独立并存的关系加大了公司内部的管理成本，因此就该角度而言微软对领英的并购也存在弱化微软的竞争优势的可能性。

在谷歌、微软和网易涉足新市场对竞争对手的影响中，一方面，谷歌对在线视频市场的涉足有利于扩大用户规模进而提升自身对广告商的价值，这将不利于其竞争对手如雅虎和哥伦比亚广播公司在广告业务的竞争优势，从而使其累积超额收益呈现出负向的变化趋势。微软对职场社交市场的涉足虽有弱化自身竞争优势的可能性，但微软增加用户类别形成的用户类别竞争优势依然可以对其竞争对手形成竞争压力。对被并购方的领英的竞争对手脸书而言，领英拥有全球 6.1 亿会员[①]，是职场社交领域最大的职场社交网站，其被并购后可以依托微软强大的资金、技术和用户等优势，进而能够具备更强大的发展潜力，因此即使脸书拥有显著的社交用户优势，但与微软并购后的领英进行竞争以及试图动摇领英在职场社交领域较为稳固的市场地位依然存在较大的难度。

另一方面，基于用户优势，谷歌并购优兔有利于进一步培养用户观看和上传视频的习惯，进而提高了在线视频网站的需求，奈飞作为优秀的在线影片租赁商可以"搭便车"，进而享受用户需求提升所带来的红利，这促使奈飞受益于谷歌进入在线视频市场的事件。甘尼特自 2006 年开始进行数字化改革[②]，谷歌涉足新市场有利于进一步扩大用户规模，促进提升广告和内容的投放量，进而提高网络媒体市场的需求，能够间接推进甘尼特数字化资源配置转型的实现。网易涉足电商市场有利于扩大用户规模，一定程度上能够提升电商市场和门户网

---

① 根据领英官方网站信息整理，网址为 https：//www.linkedin.com/company/linkedin-china/。

② 《美国新闻业面临数字化冲击》，http：//epaper.gmw.cn/gmrb/html/2013-09/14/nw.D110000gmrb_20130914_1-06.htm，2013 年 9 月 14 日。

站市场的用户需求，从而使唯品会、国美、搜狐、新浪和腾讯等厂商受益。网易对在线音乐服务市场的涉足一定程度上促进了在线音乐服务对用户的推广，有利于提升用户对在线音乐服务的关注，这对提升在线音乐服务市场的需求起到了一定的促进作用，百度作为在线音乐服务市场的主要厂商此时呈现出显著的正向收益也在情理之中。

根据实证结果和分析可知，谷歌进入在线视频市场、网易进入电子商务市场和网易进入在线音乐服务市场均有利于形成范围经济和规模经济优势，对平台厂商自身产生有利影响，验证了假设6-1。微软进入在线招聘市场并没有对消费者的效用产生较大影响，且成本的存在，使微软进入在线视频市场后对其自身产生了不利影响，验证了假设6-2。谷歌进入在线视频市场和微软进入职场社交市场促使竞争更趋激烈，增大了竞争对手的压力，从而对竞争对手产生不利影响，验证了假设6-3a。网易对电子商务市场和在线音乐市场的涉足一定程度上有利于促进电子商务和在线音乐市场需求的提升，使该类市场中的竞争对手受惠，从而能够对竞争产生有利影响，验证了假设6-3b。

四 稳健性检验

为进一步检验本节实证结果的有效性，稳健性检验主要从两个方面进行。一方面，改变估计窗口的长度，即由原来的［-157，-15］共计142个日收益率数据改为［-200，-15］共计185个日收益率数据；另一方面，同时使用参数检验和非参数检验两种方法对实证结果进行稳健性检验，参数检验使用传统的T检验方法，非参数检验使用符号检验方法。

检验结果如表6-10至表6-11所示。在微软案例、网易考拉案例和网易云音乐案例中，检验结果显示平台厂商的累积超额收益率的波动趋势和显著性程度与前文分析结果基本一致；对谷歌案例的稳健性检验中，各平台的累积超额收益率在个别窗口的显著性程度与前文结果稍有差别，如哥伦比亚广播公司、甘尼特、奈飞在［12，20］、［11，19］、［10，17］、［8，18］窗口期内的累积超额收益不显著，谷歌在［0，20］、［0，18］窗口期内不显著等，但在总体上，各厂商在事件发生前后均表现出与前文相同的波动趋势，即均体现出了谷

表 6-10 累积超额收益显著性检验结果（T检验）

案例	事件窗口	[12, 20]	[11, 19]	[10, 17]	[8, 18]	[0, 20]	[0, 18]	[0, 10]	[-5, 0]	[-10, 0]
谷歌优兔案例	谷歌	26.1351***	22.3516***	19.8602***	4.1655***	0.8331	0.3721	-2.5458**	-1.2236	-3.7478***
	雅虎	-8.7399***	-7.5371***	-7.9001***	-8.3452***	-12.5085***	-13.7413***	-26.0739***	-4.4073**	-9.2425***
	哥伦比亚	0.7541	-0.6580	-1.0569	-1.9464*	-3.7951***	-4.2924***	-11.6077***	-0.7320	-1.2182
	甘尼特	0.1581	-0.1730	-1.1268	-1.3508	-1.9078*	-2.3018***	-3.6649***	2.3015*	1.5423
	奈飞	42.3778***	39.9297***	5.9091***	3.4535***	2.8480**	2.2681**	-4.7795***	-0.2908	1.3170
微软领英案例	微软	-15.2239***	-13.6937***	-12.0861***	-10.6458***	-7.7666***	1.7463	2.0248*	2.6528**	2.3719**
	领英	6.3041***	5.6872***	5.2261***	5.6456***	10.8657***	-29.7389***	-24.5480***	-41.7974***	-33.7714***
	谷歌	-13.3760***	-11.9324***	-10.6436***	-9.2784***	-5.3405***	1.7665	2.0418*	2.6813**	2.3951**
	苹果	-7.0847***	-6.2323***	-5.5357***	-4.6687***	-2.6549**	0.7254	1.1631	1.2115	1.1999
	脸书	-17.1570***	-16.4263***	-14.7816***	-13.4240***	-9.7723***	2.2513*	2.4510*	3.3658***	2.9516***
网易考拉案例	网易	7.2459***	9.0422***	8.4538***	7.5000***	6.4939***	4.1952***	2.0634	-1.2807	-3.5345***
	搜狐	7.1944***	6.6733***	5.8198***	4.9409***	4.0966***	2.5630*	1.4992	2.2337*	-0.7092
	新浪	-2.9304***	-3.0760***	-3.9102***	-4.0167***	-4.3414***	-7.5699***	-27.8099***	-1.4345	-2.8133**
	腾讯	14.7457***	13.3467***	13.1207***	11.9861***	9.8766***	12.4505***	33.3953***	1.3229	0.2695
	唯品会	20.5626***	19.6352***	17.5966***	19.2803***	17.4052***	25.6941***	21.7960***	6.2297***	3.1169**

第六章 平台用户规模竞争与用户类别竞争的实证分析　129

续表

案例	事件窗口	[12, 20]	[11, 19]	[10, 17]	[8, 18]	[0, 20]	[0, 18]	[0, 10]	[-5, 0]	[-10, 0]
网易考拉案例	苏宁	0.4338	-0.8922	-4.5087***	-4.5087***	-6.4356***	-4.7333***	-7.2247***	-3.6112**	-6.3830***
	国美	13.7662***	16.9331***	25.9309***	18.2649***	19.5982***	25.2657***	15.4738***	10.1362***	5.7394***
网易云音乐案例	网易	8.7306***	5.8853***	7.4420***	5.8458***	4.7696***	2.1515*	-0.1047	-16.9507***	-6.4668***
	搜狐	26.7592***	20.9733***	17.4460***	9.9620***	8.1711***	7.6569***	10.026***	4.4872***	3.2992***
	新浪	30.9102***	37.1568***	38.5408***	12.0442***	9.5019***	4.4808***	1.7397	-0.2015	1.5754
	腾讯	7.5370***	6.5137***	7.9831***	7.1349***	7.2923***	3.6860***	5.1873**	3.6793***	3.5771***
	百度	11.7574***	10.2687***	13.4674***	8.1087***	6.5595***	3.2686**	2.1826	9.7948***	8.4122***

注：表中为T检验结果（T值），*、**、*** 分别代表在10%、5%和1%的水平上显著。

表 6-11　累积超额收益显著性检验结果（符号检验）

案例	事件窗口		[12, 20]	[11, 19]	[10, 17]	[8, 18]	[0, 20]	[0, 18]	[0, 10]	[-5, 0]	[-10, 0]
谷歌优兔案例	谷歌	CAR>0	0.0020	0.0020	0.0039	0.0059	0.2517	2.2681	0.9893	0.9688	0.9990
		CAR<0	1.0000	1.0000	1.0000	0.9995	0.8684	0.7597	0.0547	0.1875	0.0107
	雅虎	CAR>0	1.0000	1.0000	1.0000	1.0000	1.0000	1.0000	1.0000	1.0000	1.0000
		CAR<0	0.0020	0.0020	0.0039	0.0005	0.0000	0.0000	0.0010	0.0313	0.0010
	哥伦比亚	CAR>0	0.0898	0.2539	0.3633	0.5000	0.9423	0.9519	1.0000	0.8125	0.8281
		CAR<0	0.9805	0.2539	0.8555	0.7256	0.1316	0.1189	0.0010	0.5000	0.3770
	甘尼特	CAR>0	0.5000	0.5000	0.8555	0.8867	0.9423	0.9519	0.9893	0.0313	0.1719
		CAR<0	0.7461	0.7461	0.3633	0.2744	0.1316	0.1189	0.0547	1.0000	0.9453
	奈飞	CAR>0	0.0020	0.0020	0.0352	0.1133	0.5881	0.7597	1.0000	0.8125	0.1719
		CAR<0	1.0000	1.0000	0.9961	0.9673	0.5881	0.4073	0.0010	0.5000	0.9453
微软领英案例	微软	CAR>0	1.0000	1.0000	1.0000	1.0000	1.0000	0.1875	0.1719	0.0547	0.0592
		CAR<0	0.0000	0.0000	0.0000	0.0001	0.0039	0.9688	0.9453	0.9893	0.9824
	领英	CAR>0	1.0000	1.0000	1.0000	1.0000	1.0000	1.0000	1.0000	1.0000	1.0000
		CAR<0	0.0000	0.0000	0.0000	0.0001	0.0039	0.0313	0.0010	0.0010	0.0000
谷歌苹果案例	谷歌	CAR>0	1.0000	1.0000	1.0000	1.0000	1.0000	0.1875	0.1719	0.0547	0.0592
		CAR<0	0.0000	0.0000	0.0000	0.0001	0.0039	0.9688	0.9453	0.9893	0.9824
	苹果	CAR>0	0.9998	0.9993	0.9979	0.9935	0.8555	0.9688	0.3770	0.1719	0.3036
		CAR<0	0.0013	0.0038	0.0106	0.0287	0.3633	0.9688	0.8281	0.9453	0.8491

续表

案例	事件窗口		[12, 20]	[11, 19]	[10, 17]	[8, 18]	[0, 20]	[0, 18]	[0, 10]	[−5, 0]	[−10, 0]
微软领英案例	脸书	CAR>0	1.0000	1.0000	1.0000	1.0000	1.0000	0.1875	0.0547	0.0107	0.0176
		CAR<0	0.0000	0.0000	0.0000	0.0001	0.0039	0.9688	0.9893	0.9990	0.9963
	网易	CAR>0	0.0000	0.0000	0.0000	0.0001	0.0002	0.0039	0.0625	0.8125	0.9893
		CAR<0	1.0000	1.0000	1.0000	1.0000	1.0000	1.0000	1.0000	0.5000	0.0547
	搜狐	CAR>0	0.0000	0.0000	0.0003	0.0009	0.0032	0.0352	0.3125	0.1875	0.8281
		CAR<0	1.0000	1.0000	1.0000	0.9999	0.9998	0.9961	0.9375	0.9688	0.3770
网易考拉案例	新浪	CAR>0	0.9423	0.9846	0.9979	0.9935	0.9968	1.0000	1.0000	0.8125	0.9893
		CAR<0	0.1316	0.0481	0.0106	0.0287	0.0193	0.0039	0.0625	0.5000	0.0547
	腾讯	CAR>0	0.0000	0.0000	0.0000	0.0001	0.0002	0.0039	0.0625	0.5000	0.9453
		CAR<0	1.0000	1.0000	1.0000	1.0000	1.0000	1.0000	1.0000	0.8125	0.1719
	唯品会	CAR>0	0.0000	0.0000	0.0000	0.0001	0.0002	0.0039	0.0625	0.0313	0.0107
		CAR<0	1.0000	1.0000	1.0000	0.9991	0.9998	1.0000	1.0000	1.0000	0.9990
	苏宁	CAR>0	0.9423	0.9846	0.9979	0.9935	0.9998	0.9961	1.0000	1.0000	1.0000
		CAR<0	0.1316	0.0481	0.0106	0.0065	0.0032	0.0352	0.0625	0.0313	0.0010
	国美	CAR>0	0.0000	0.0000	0.0000	0.0001	0.0002	0.0039	0.0625	0.0313	0.0010
		CAR<0	1.0000	1.0000	1.0000	1.0000	1.0000	1.0000	1.0000	1.0000	1.0000

续表

事件窗口 案例		[12, 20]	[11, 19]	[10, 17]	[8, 18]	[0, 20]	[0, 18]	[0, 10]	[-5, 0]	[-10, 0]
网易云音乐案例	网易 CAR>0	0.0020	0.0039	0.0005	0.0013	0.0106	0.3633	0.9375	1.0000	1.0000
	网易 CAR<0	1.0000	1.0000	1.0000	0.9998	0.9979	0.8555	0.3125	1.0000	0.0010
	搜狐 CAR>0	0.0020	0.0039	0.0005	0.0000	0.0000	0.0039	0.0625	0.0313	0.0107
	搜狐 CAR<0	1.0000	1.0000	1.0000	1.0000	1.0000	1.0000	1.0000	1.0000	0.9990
	新浪 CAR>0	0.0020	0.0039	0.0005	0.0000	0.0000	0.0039	0.0625	0.8125	0.1719
	新浪 CAR<0	1.0000	1.0000	1.0000	1.0000	1.0000	1.0000	1.0000	0.5000	0.9453
	腾讯 CAR>0	0.0020	0.0039	0.0005	0.0000	0.0000	0.0039	0.0625	0.0313	0.0547
	腾讯 CAR<0	1.0000	1.0000	1.0000	1.0000	1.0000	1.0000	1.0000	1.0000	0.9893
	百度 CAR>0	0.0020	0.0039	0.0005	0.0000	0.0003	0.0352	0.0625	0.0313	0.0010
	百度 CAR<0	1.0000	1.0000	1.0000	1.0000	1.0000	0.9961	1.0000	1.0000	1.0000

注：表中结果为"H1：CAR>0"和"H1：CAR<0"的P值，原假设为"H0：CAR=0"。

歌在事件发生前由显著的负向收益转变为事件发生后的显著的正向收益，哥伦比亚广播的负向收益的显著性在事件发生后得以提升，甘尼特的超额收益在事件发生前后的正向变化的显著性程度也得以提升，奈飞的超额收益率在谷歌公司进入在线视频市场以前的正向收益并不显著，在事件发生后呈现显著的正向收益等变化趋势。本节使用事件研究法即通过平台厂商的累积超额收益在窗口期内的变化趋势来探究平台厂商增加用户类别对其自身以及竞争对手的影响，即使在稳健性检验中个别窗口的检验结果稍有差别，但累积超额收益的整体变化趋势是一致的，说明本节的研究结论具有一定的稳健性。

第三节　本章小结

本章在前文理论分析的基础上，对平台用户规模竞争和平台用户类别竞争方式与平台经营绩效间的关系进行了实证分析。第一部分通过协整检验、格兰杰因果检验、脉冲响应函数分析与方差分解等方法，实证分析了腾讯案例中用户规模与平台盈利能力之间的关系；第二部分通过事件研究法，实证分析了"谷歌优兔""微软领英""网易考拉"和"网易云音乐"案例中平台厂商进行用户类别竞争的累积超额收益的显著性。实证结果表明：

第一，腾讯平台的用户规模与其盈利能力之间存在长期的稳定关系，用户规模越大，越有利于平台收入的扩大、平台的盈利能力的提升和市场势力的扩大。基于交叉网络外部性的作用，平台的用户数量越多越有利于用户效用水平的提升，在正反馈作用下平台的用户规模优势会得到进一步强化。

第二，谷歌进入在线视频市场、网易进入电子商务市场和在线音乐市场均有利于谷歌和网易在交叉网络外部性下通过用户类别竞争形成规模经济和范围经济，进而促进平台超额收益的获取；微软因其对职场社交市场的进入并未对消费者的效用产生较大的影响，同时因跨市场竞争成本的存在，进入职场社交市场无法使微软获取显著的超额收益。谷歌、网易和微软增加用户类别进入新市场一方面增强了市场竞争活力，有利于提高市场的需求，从而对竞争对手的收益产生有利影响；另一方面促使跨市场进入和竞争时有发生，增大了多个市场竞争对手的竞争压力，从而能够对竞争对手的收益产生不利影响。

当然，本章的实证分析结果限于所选择的案例，在市场竞争中，因为用户是平台竞争的关键要素，多数互联网平台在用户规模竞争和用户类别竞争中具有相同的目的，即通过用户规模的扩大和用户类别的增加增强竞争优势，从而促使平台收益水平提升，因此本章的分析结果具有一定的代表性。

第七章　平台用户竞争的案例分析

通过前文的理论分析和实证研究可以发现，平台厂商通过用户规模竞争和用户类别竞争能够产生规模经济和范围经济，实现平台经营绩效的提升，但不恰当的用户规模竞争和用户类别竞争行为也会使平台陷入监管争议或指控。本章将基于前文对平台用户规模竞争和用户类别竞争的研究，通过对具体案例的分析和解读进一步考察和佐证相关结论。

本章的结构安排如下：第一节为平台用户规模竞争的案例分析和解读，包括网约车平台的"用户补贴"、苹果在电子书市场的"用户迁移"、京东商城的"平台化"；第二节为平台用户类别竞争的案例分析和解读，包括支付宝跨界互联网金融市场、亚马逊的综合性电商平台转型、谷歌在跨界中的滥用市场势力；第三节是本章小结。

第一节　平台用户规模竞争的案例分析

本节主要对三个用户规模竞争的案例进行分析和解读，分别是网约车平台的"用户补贴"、苹果在电子书市场的"用户迁移"和京东商城的"平台化"。

一　网约车平台的"用户补贴"

网约车即网络预约出租汽车的简称，是基于共享经济模式与大数据技术对传统出租车场景的改造和升级。本部分基于前文对用户补贴的理论研究对网约车市场的用户补贴竞争方式进行分析和解读。本部分分析网约车市场的平台经济特点、所实行的具体的用户补贴策略。

网约车带有鲜明的移动互联网时代平台经济的特点。第一，网约车平台具有显著的交叉网络外部性。平台中车辆数量越多、密度越大，乘客越快地享受到出租车服务，反过来，乘客数量越多，车辆司机越快接单，降低空驶率。当平台两边用户规模足够大时，便可以获得正反馈的网络效应。第二，用户优势与技术优势的相互反哺。平台通过补贴策略吸引更多的用户，一边的用户规模越大，另一边用户的效用越可以得到提升，双边用户产生的数据量也就越大，这又反过来可以不断优化基于大数据算法的 AI 技术，进一步提高订单匹配的精确程度，降低平台提供网约车服务的边际成本，实现用户优势与技术优势的相互转化。第三，两边用户转移成本不一致。基于应用场景的高度一致化，乘客转换平台的成本较低，几乎为零，仅需下载各网约车平台的 APP 即可；司机端存在一定的转换成本，如网约车平台中获取的评价和积分，但这并不能够完全阻止司机转换平台。网约车市场从以上三个方面彰显出明显的互联网时代平台经济的特点。

相比传统的巡游车模式，网约车模式显著降低了乘客与出租车匹配的机会成本，因此在移动 4G 技术普及后得到了迅速发展。中国的网约车市场起步于 2012 年，市场的主要参与者均成立于此时。比较典型的网约车平台如"滴滴出行"（以下简称"滴滴"）成立于 2012 年 7 月，主要投资方包括腾讯、淡马锡等公司；"快的打车"（以下简称"快的"）成立于 2012 年 12 月，主要投资方包括阿里巴巴、经纬创投等公司。此外，美国网约车平台优步于 2014 年 2 月进入中国。

基于进入时机、股东背景、经营策略等多方面的优势，"滴滴"和"快的"平台逐渐成为市场的领先者。2013 年下半年至 2014 年年初，支付宝与微信的移动支付之争逐渐白热化，其中网约车作为移动支付重要的应用场景之一，成为移动支付市场的竞争焦点。随之"快的"接入了支付宝，而"滴滴"接入了微信支付。为争夺移动支付和网约车的市场份额，加上优步入华等诸多因素的汇集，"滴滴"和"快的"在各自股东的支持下开展了针对乘客和司机两方的"烧钱"式的补贴大战。补贴大战前后持续超过 1 年的时间，其中 2014 年 1—4 月是补贴最激烈的时期，如图 7-1 所示。2014 年 1 月 10 日，"滴滴"

第七章 平台用户竞争的案例分析 | 137

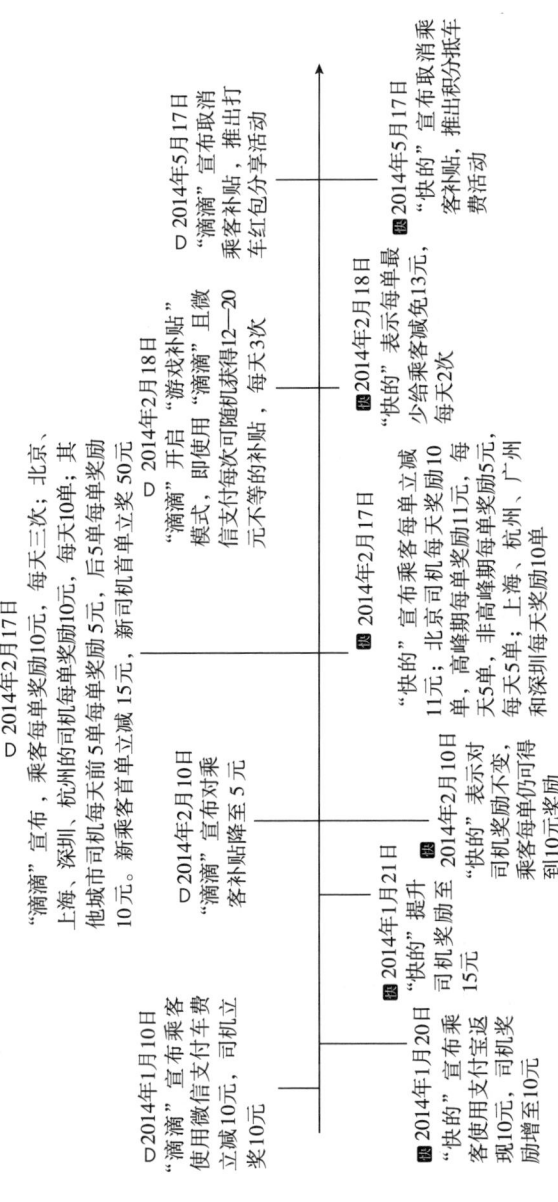

图 7-1 "滴滴"与"快的"的补贴竞争过程

资料来源：笔者自制。

宣布乘客使用微信支付车费可以立减 10 元。1 月 20 日，"快的"宣布乘客使用支付宝支付车费可以返现 10 元，同时对司机的奖励增至 10 元。紧接着，1 月 21 日"快的"宣布对司机增加奖励。2 月 17 日，"滴滴"宣布对乘客奖励 10 元，并增加对新司机的奖励。同日"快的"宣布每位乘客每单减 11 元，并对多地司机进行奖励。第二天即 2 月 18 日，"滴滴"宣布同时使用"滴滴"和微信支付可获得奖励。同日"快的"宣布乘客补贴至少 13 元。至 2014 年 5 月 17 日，"滴滴"宣布取消乘客补贴，推出了打车红包分享活动。"快的"也在同一天取消乘客补贴，推出了积分抵车费的活动。随后"滴滴""快的"于 2015 年 2 月宣布合并，以共同应对成本压力及优步中国所带来的挑战①。"滴滴""快的"合并成为国内网约车市场的转折点，一家独大的局面初步形成。两者通过补贴策略吸引了乘客和司机的参与，培养了乘客使用网约车出行的习惯，从而成功地开辟出了国内的网约车市场。

　　优步也试图以补贴战的形式获取用户规模优势。优步将起步价设定在普通出租车起步价的 70%；对消费者实行 5 折优惠；对出租车司机每单补贴 1.5—3 倍的行程费用。此外，优步还根据不同的时段实行不同的补贴策略，在每日的高峰时段对司机实行较高的补贴，在低峰时段对司机实行较低的补贴。面对补贴带来的成本压力，优步不断进行巨额融资，但盈利状况始终没有改善。尽管进入成都一百多天后，优步宣布成都市民的拼车需求接近 360 万次，相当于平均每天 3.6 万人次使用优步拼车，优步在成都的订单超越美国纽约，成为优步订单量最多的城市，以及 2016 年优步已能够覆盖国内 50 多个城市，在中国一线城市的市场份额超过 40%，在二、三线城市的市场份额超过 50%，但优步仍面临着用户补贴所带来的巨大的成本压力，2015 年全球亏损高达 26.6 亿美元。

　　在补贴期间，"滴滴"补贴额高达 14 亿元，"快的"补贴额也超过

---

① 《快的 CEO 吕传伟称合并主要出于四点原因》，http://tech.ifeng.com/a/20150214/40983552_0.shtml，2015 年 2 月 14 日。

了 10 亿元。两平台"烧钱"式补贴改变了行业的竞争格局，导致行业集中度的快速提升，此后如"摇摇招车""百米打车""嘟嘟叫车"等 30 多家网约车平台悉数出局。补贴战也构筑了网约车市场较高的进入壁垒，后进入者除非具备较强的资本实力或技术优势，否则无法成功进入市场。在逐步加大的运营压力面前，优步中国选择在 2016 年 8 月与"滴滴"合并，网约车市场最终再次形成了一家独大的局面。

在完成市场整合后，"滴滴"大大降低了对用户的补贴力度，盈利情况逐步得到改善，2015 年亏损 122 亿元，2016 年亏损 118 亿元，而到了 2017 年亏损就只有 4 亿元左右。2018 年，"滴滴"对乘客平均每单仅补贴 2 元，同时将对司机抽成比例提高到 20%，并降低了针对司机的各项"奖励"额度。"滴滴"对 4.5 亿用户进行大数据分析，不断优化 AI 算法识别用户特征，对用户收取歧视性价格，疑似使用"大数据杀熟"的方式提高平台盈利水平（马长山，2018）；其内部监督机制出现缺位的问题导致监管频频失控，安全问题频发，引发多起刑事犯罪[1]。"滴滴"的上述行为引起了巨大的社会争议，同时也促使监管当局重新审视"滴滴"、优步合并的垄断嫌疑[2]。此外，2017 年 12 月开始，美团正式进军网约车市场，通过高额补贴吸引用户，短期内抢占了一定的市场份额，"滴滴"随即有针对性地提高了补贴力度。以上海地区市场为例，美团的市场份额一度达到 18.5%，"滴滴"的市场份额出现下降，但随着 2018 年 4 月上海监管机构非正式叫停高额补贴后，美团份额回落至 12.8%，"滴滴"份额提升，这说明"滴滴"在网约车市场通过用户补贴和合并所形成的用户、技术、资本等优势短期内无法轻易撼动[3]。

---

[1] 《网约车：安全永远是生命线》，新华网（http://www.xinhuanet.com/politics/2018-08/26/c_1123331412.htm）；《网络平台不能只有"资本思维"》，《人民日报》，http://opinion.people.com.cn/n1/2018/0827/c1003-30251786.html；《堵住"滴血"的漏洞》，中华人民共和国交通运输部（http://www.mot.gov.cn/jiaotongyaowen/201808/t20180827_3066578.html）。

[2] 《国家市场监督管理总局接手滴滴优步合并案调查》，网经社（http://www.100ec.cn/detail--6481717.html）。

[3] 比达咨询数据中心：《2018 年上半年度中国网约车行业发展监测报告》，http://www.bigdata-research.cn/content/201807/723.html。

通过实行用户补贴策略,在市场份额方面,"滴滴"占比较高,尤其专车占比超过90%[①];在用户数量方面,截至2018年5月,"滴滴"月活跃用户数达9191万,是市场中剩余厂商(神州、首汽、易到等)总用户数的17倍;"滴滴"的日活跃用户数超过1500万,为第二名神州专车的50倍[②]。"滴滴"成为国内最大的互联网出行公司,市场份额和用户规模稳居第一,也是国内出行服务内容最丰富的公司。

总结以上案例可以看出,中国网约车市场发展历程中的各个阶段印证了前文的若干结论。首先,用户补贴有助于平台厂商获取用户,实现用户规模的迅速扩大,这有利于平台厂商解决平台建立之初所面临的最低网络规模问题,有利于改变平台厂商在用户竞争中处于劣势的问题。平台厂商通过用户补贴所获得的用户规模将会成为未来获取利润的基础,这是平台厂商在用户补贴过程中背负成本压力的动力所在。补贴下的成本压力可能会导致竞争参与者退出市场或被合并。为抵抗用户补贴过程中极大的成本压力,一些厂商甚至需要进行多轮融资以渡过难关。其次,持续性的大额补贴以及策略性的调整补贴力度的行为能够形成事实上的进入壁垒,在位厂商凭借在用户规模、资本实力与技术能力等方面的巨大优势实行持续性的大额补贴,这将显著提升市场进入难度。当平台厂商通过用户补贴实现对市场的垄断和控制后,平台厂商便不再有动机进行补贴,转而选择收取高价,以此来提升平台盈利。

二 苹果在电子书市场的"用户迁移"

2010年1月27日,苹果公司发布了平板电脑产品iPad并内置了电子书阅读软件iBooks,由此进入了电子书市场。与iPad的上市准备同时进行的是苹果公司与美国五大出版商(Hachette Book Group, Inc.、HarperCollins Publishers L.L.C.、Simon & Schuster, Inc.、The Penguin Group L.L.C.、Macmillan Publishers LTD.)自2009年12月开始的就提高电子书销售价格和针对亚马逊公司的排他性协议而进行

---

① 根据天风证券《从一超多小的竞争格局,看网约车市场的"功守道"》整理。
② 据天风证券《从一超多小的竞争格局,看网约车市场的"功守道"》和《专车——滴滴vs神州,行走在共享与出租的分界线》整理。

的违法勾结,将此前由亚马逊公司制定的 9.99 美元的电子书售价提高至 12.99 美元、14.99 美元和 16.99 美元。2012 年 4 月 11 日,美国司法部对苹果公司及五大出版商提起反垄断诉讼,在案件进入审理程序以前,五大出版商陆续与美国司法部达成和解并支付共计 1.66 亿美元的和解费,但苹果公司拒绝和解[①]。2015 年 6 月,苹果公司最终被巡回法庭裁定操纵电子书价格罪名成立,需向消费者和代理律师支付 4.5 亿美元的罚金[②]。

在"苹果—电子书"反垄断案中,出版商和苹果公司之间的协商"勾结"首先与 iPad 的上市准备过程密切相关,其次还受到了"共同敌人"——亚马逊公司的定价行为的影响。从 2008 年 9 月五大出版商自行协商试图要求亚马逊公司提高电子书价格,到 2010 年 1 月与苹果公司正式签署协议完成勾结只有不到 2 年的时间,其间的标志性事件如图 7-2 所示。

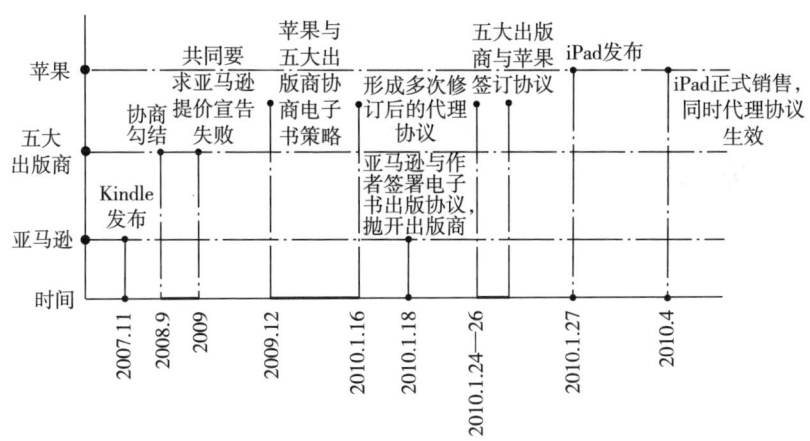

图 7-2 "苹果—电子书"反垄断案中的关键时间点

资料来源:笔者自制。

---

① 《苹果电子书案中出版社陆续与美国司法部和解,苹果公司拒绝和解》,http://www.nytimes.com/reuters/2014/03/25/technology/25reuters-usa-antitrust-ebooks.html.

② 《苹果公司需支付 4.5 亿美元罚金》,http://americasmarkets.usatoday.com/2015/06/30/apple-busted-for-price-fixing-fined-450m/.

2007年11月亚马逊公司发布电子书阅读产品Kindle，其电子书9.99美元的低价策略使五大出版商深感自身利益受到了威胁。2008年五大出版商协商"勾结"后集体要求亚马逊公司提价，但因亚马逊公司拒不配合而在2009年宣告失败。为收回电子书的定价权从而提高电子书售价，2009年年末五大出版商考虑采用代理模式销售电子书，而此时苹果公司准备进入电子书市场为这一模式的实施及提高电子书售价提供了"完美"的机会。2009年12月8日，苹果公司总裁致电五大出版商约定于12月15—16日在纽约进行会议商谈。经过多次协商，于2010年1月16日制定了修订版的代理协议（Agency Agreement），此时五大出版商尚未签署该协议，但之后亚马逊公司的行为却催化了该协议的达成。2010年1月18日，亚马逊公司以70%这一远超出版商的稿酬与一些知名作家在纽约签约，协议规定由亚马逊公司直接销售签约作家的电子书，此举直接剔除了五大出版商在图书出版销售环节中所扮演的重要角色。五大出版商随即于1月24—26日与苹果公司达成代理协议。当月27日iPad发布，同年4月iPad正式销售，代理协议随之生效。至此，苹果公司与五大出版商的"勾结"顺利实现。

此案与电子书和出版行业的变革密切相关，所以有必要对电子书和出版行业的背景进行考察。电子书与纸质书二者之间既存在替代关系，也存在互补关系。随着电子书市场的发展，二者之间已由尝试性的互补关系转变为完全替代的关系，即对同一本书而言，当读者购买了电子版后，大概率不会再购买纸质版。表7-1为《纽约时报》2014年十佳书籍[①]中部分图书的电子书与纸质书价格的对比，从对比中可以看出同一版本的电子书的价格通常低于纸质书的价格，基于电子书的价格优势，读者倾向于选择电子书，且选择了电子书即意味着纸质书被电子书替代了。

---

① 《〈纽约时报〉十佳书籍列表》，http：//www.nytimes.com/2014/12/14/books/review/the-10-best-books-of-2014.html。

第七章 平台用户竞争的案例分析

表 7-1　　　　亚马逊电子书和纸质书的定价对比　　　　单位：美元

书名	纸质书	电子书
All the Light We Cannot See	14.53	12.99
Euphoria	12.97	9.99
Penelope Fitzgerald: A Life	24.12	17.99
Can't We Talk about Something More Pleasant?	18.92	12.99

资料来源：根据亚马逊官方网站 2015 年 5 月 5 日价格整理，网址为 www.amazon.com。

在苹果公司进入电子书市场以前，电子书在图书出版市场中所占的份额正处于快速上升时期。根据美国出版商协会的相关数据可以观测到电子书市场份额的变动，如图 7-3 所示。

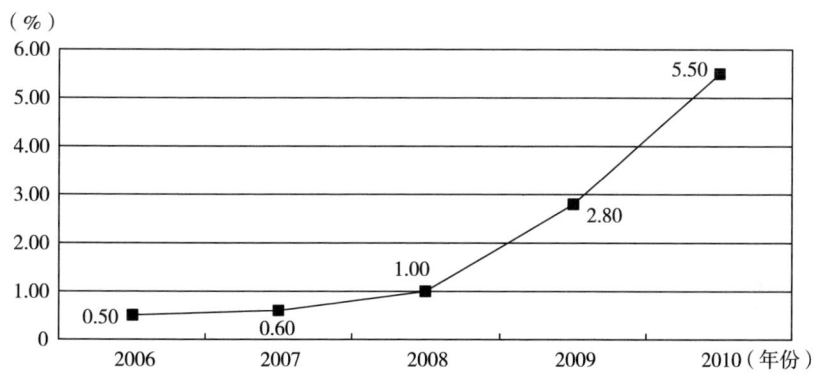

图 7-3　2006—2010 年美国电子书在美国图书市场的份额

资料来源：根据美国出版商协会（American Association of Publishers）网站资料整理，网址为 http://www.publishers.org/resources/。

在 2006—2010 年，美国电子书的市场份额已由 0.5% 上升到了 5.5%[①]。2007 年亚马逊公司发布了自行研发的 Kindle 系列电子书阅读器硬件产品，由此电子书销售的年增长率达到了三位数，在图书市

---

① 本案中"电子书"的相关市场只包括通俗类图书（general interest fiction and non-fiction books），不包括儿童图画书、教材和专业图书，参见 U. S. v. Apple, Inc., et al., Complaint Civil Action No. 02826。

场中的份额有望达到 25%①。基于网上销售纸质书的长期经验和 Kindle 阅读器硬件的面世，亚马逊公司成为电子书市场的主导厂商，其市场份额在 2010 年已高达 90%②，其他厂商包括巴诺书店（Barnes & Noble）、索尼公司（Sony）、乐天株式会社（Rakuten）等份额均较小，无法与亚马逊公司相提并论，因此在苹果公司进入以前，电子书市场是一个典型的主导厂商的市场结构。

基于以上分析，本书对图书出版行业的运作流程进行梳理，如图 7-4 所示。不难发现，电子书的发展实质上对图书出版行业产生了很大的影响。

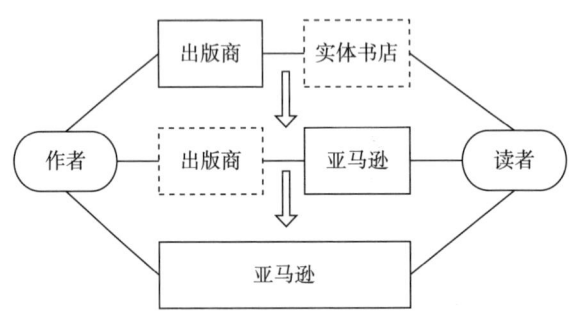

图 7-4　图书出版行业的运作流程

资料来源：笔者自制。

第一，实体书店受到了来自图书销售平台的冲击。亚马逊公司自 1995 年开始在网上销售图书，到 2014 年亚马逊公司线上纸质书销售份额占全美线上纸质书销售的约 64%③。亚马逊公司线上售书首先对实体书店产生了很大冲击，这在美国多家实体书店的经营中均有所体现，如美国第二大连锁实体书店博德斯（Borders）在 2011 年关闭了

---

① U. S. v. Apple, Inc., et al., Complaint Civil Action No. 02826.
② U. S. v. Apple, Inc., et al., Complaint Civil Action No. 02826.
③ 亚马逊占全美纸质书销售份额约 64%，参见 http://www.thewire.com/business/2014/05/amazon-has-basically-no-competition-among-online-booksellers/371917/.

旗下 399 家店面①，并申请破产保护；美国最大的连锁实体书店巴诺书店（Barnes & Noble）在 2014 年关闭了 2/3 的门店②。

　　第二，当手持电子设备开始普及后，亚马逊公司开始销售图书的电子书版本并随后意识到电子书是出版行业发展的必然趋势，实体书店的衰落是大势所趋。2007 年通过 Kindle 阅读器的发布亚马逊公司正式进入电子书市场，凭借其多年的行业经验和 Kindle 良好的阅读体验，亚马逊公司很快就获得了电子书市场 90% 以上的份额，成为市场中的主导厂商。无论是纸质书还是电子书，亚马逊公司采取的都是"批发—零售"模式，电子书的售价由亚马逊公司统一定为 9.99 美元，出版商认为这一定价过低，曾私下协商要求亚马逊公司涨价但均告失败③。

　　第三，随着人们阅读方式的改变，电子书的地位从"纸质书的补充"，逐步过渡至"纸质书的替代"，出版商也相应地从只发行纸质版过渡到同时发行纸质版和电子版，直到只发行电子版。当图书出版不再需要印刷、装订、发行等环节的时候，出版商的地位就会开始动摇。2010 年 1 月 18 日，亚马逊公司和一些知名作家在纽约举行了签约仪式，由亚马逊公司直接销售签约作家的电子书，亚马逊公司支付的稿酬远远超出了其他传统出版商。这一出版模式已经不再需要出版社，正如线上售书取代了实体书店一样，电子书的直接销售也终将会整体取代出版商。

　　从对整个图书出版行业运作流程的梳理中可以看出，电子书的发展实质上对图书出版行业产生了较大的影响，尤其图书销售平台亚马逊公司对出版商们的影响不只是利润的减少，更是生存空间的排挤与消失。因此，出版商们需要收回电子书的定价权以维护自身在图书出版市场中的地位，苹果此时提供了"完美"的机会，"完美"包含两

---

　　① 《美国连锁书店博德斯关闭 399 家店面》，http://finance.ifeng.com/roll/20110727/4316183.shtml.
　　② 《美国巴诺书店关闭三分之二门店》，http://news.xinhuanet.com/book/2014-04/21/c_126413025.htm.
　　③ U. S. v. Apple, Inc., et al., Complaint Civil Action No. 02826.

个方面。

一方面，苹果公司进入电子书市场有其内在动机。苹果公司的收益主要来源于硬件销售，将电子书作为 iPad 的重要功能之一使苹果公司进入电子书市场可以通过电子书的销售刺激 iPad 等硬件的销售，进一步巩固其以硬件为主的收益模式。同时，苹果公司的 iTunes 音乐商店为用户提供数量巨大的音乐作品，并使 iTunes 成为用户将音乐上传到 iPod 的唯一的简便方式，这使 iPod 与 iTunes 具有互补关系，此互补关系使两者得以共生，这是苹果公司在 2007 年 iPod 销量达到 1 亿台[①]、苹果公司在数字音乐播放器中的市场份额达到 70% 的重要原因。苹果公司极其希望将 iTunes 销售音乐的成功经验复制到电子书销售中，使苹果公司在电子书和 iPad 完全互补的关系下，通过提供大量的电子书内容、提升电子书的销售，既获得电子书的销售收益，又促进 iPad 等硬件销量的提升。

另一方面，苹果公司不仅有进入电子书市场的动机，还具备进入电子书市场的能力。这种能力突出表现为苹果公司具有对电子书市场的潜在的市场势力，这种潜在的市场势力大致分为三个方面：第一，iPad 作为综合性的平台载体兼具电影、音乐、游戏、电子书阅读应用软件等功能，有利于吸引更多的消费者。第二，iPad 和 iPhone、iPod 的用户体验和操作习惯高度一致，此前在 2009 年时，苹果公司的 iOS 平台中通过 iPod、iPhone 的硬件产品和 iTunes 音乐的销售累积了 1 亿个 iTunes 账号，相同的用户体验和操作习惯使这 1 亿个 iTunes 账号所形成的用户规模"迁移"到电子书市场变得极为自然和容易。第三，出版商基于对苹果公司的实力和 iTunes 销售音乐的成功经验，对 iPad 的销售前景持乐观态度，愿意提供 iPad 版本电子书。

电子书市场是一个典型的双边市场，当在位厂商已经具有 90% 以上的市场份额时，交叉网络外部性的作用使新厂商的进入难度很大。作为一个平台厂商，苹果公司在参与电子书市场竞争的方式选择中需

---

① 《iPod 销量在 2007 年达到 1 亿台》，https://www.apple.com/pr/library/2007/04/09100-Million-iPods-Sold.html。

要考虑两方面的问题，即平台载体和两边用户。第一，要提供良好的平台载体；第二，平台两边必须同时具备至少达到关键性边界的用户数量使平台获得最低网络规模。基于以上考虑，苹果公司对电子书市场的潜在进入采取如下方式：以内置 iBooks 的 iPad 解决电子书市场的平台载体问题；以 iOS 用户"迁移"至电子书市场来解决读者一边的最低网络规模的问题；以订立排他性协议与出版商实现"勾结"锁定来解决出版商一边的最低网络规模问题。本节将苹果公司进入电子书市场的方式总结为图 7-5。

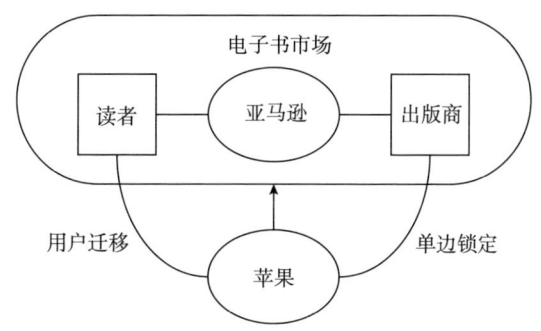

图 7-5　苹果进入电子书市场的方式

资料来源：笔者自制。

在对电子书市场的进入中，苹果公司通过"用户迁移"方式，使读者一边的参与得到保证，大量读者对平台的参与将会提高出版商在平台中的效用水平，效用水平的提高促使出版商为平台提供种类更丰富、质量更高的电子书产品，而种类更丰富、质量更高的电子书产品能够吸引更多读者参与到平台中来。

对于苹果公司通过"用户迁移"进入电子书市场后逐渐产生的多方面的影响，本书主要从三个方面进行分析，分别是市场份额、市场价格和市场竞争程度。

第一，在市场份额方面，在苹果公司顺利进入电子书市场后，电子书市场占图书出版市场的份额得以提高。2010 年，电子书市场份额仅为5.5%，至2013年，电子书市场份额已经攀升至27%①，如图7-6所示。其中的缘由除电子书行业自身处于上升发展阶段外，苹果公司凭借"迁移"的1亿个iTunes账号形成的用户大规模进入电子书市场是其中的一个重要推力。

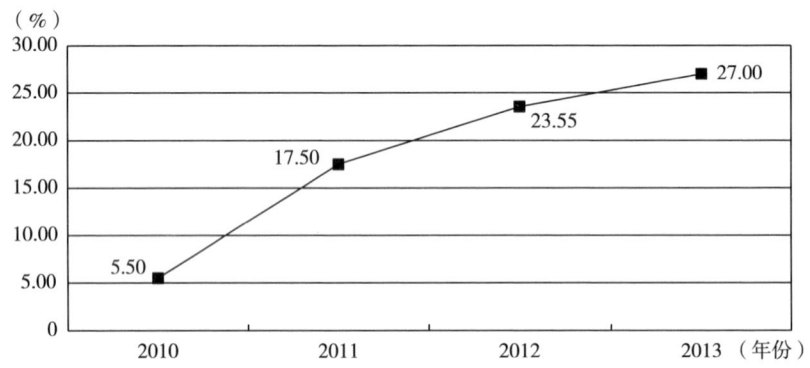

图7-6　2010—2013年美国电子书在美国图书市场的份额

资料来源：根据美国出版商协会（American Association of Publishers）网站资料整理，网址为http://www.publishers.org/resources/.

第二，在市场价格方面，在苹果公司以iPad作为平台载体进入电子书市场以后，电子书价格从亚马逊公司设立的9.99美元上升为代理模式下的12.99美元、14.99美元或16.99美元。在美国司法部陆续与五大出版商达成和解协议，代理模式逐渐被放弃后，部分电子书开始降价，其中亚马逊销售的部分新发行的电子书恢复到9.99美元的价格。此后，美国电子书价格呈现多样化，价格的多样性体现了读者对不同图书的偏好和市场竞争程度的提高，电子书市场绩效得以提高。

第三，在市场竞争程度方面，在苹果公司进入以前即2010年，亚马逊公司的市场份额高达90%，苹果公司的市场份额为零；到

---

① "E-Book Share of Total Consumer Book Sales in the United States from 2009 to 2015", http://www.statista.com/statistics/190847/ebook-share-of-total-consumer-book-sales-in-the-us-till-2015/.

2013年,亚马逊公司的市场份额降至60%,而苹果公司进入电子书市场3年后就已占据20%的市场份额,电子书市场的竞争程度比之亚马逊公司主导时得到显著提升,如图7-7所示。2011年9月28日,亚马逊公司推出平板电脑类产品Kindle Fire,这是亚马逊公司在苹果公司进入电子书市场对其形成的竞争压力之下所做出的创新。

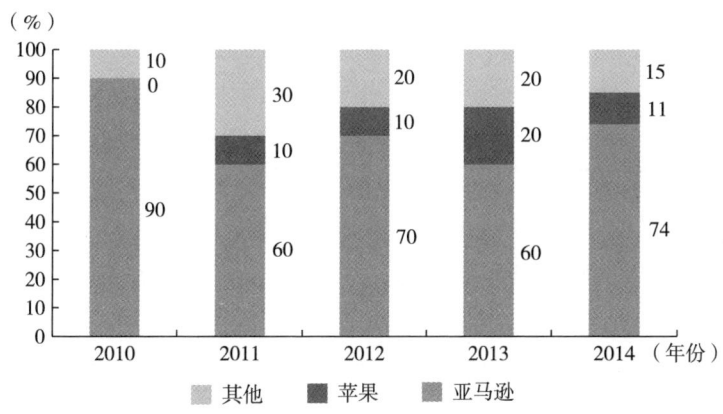

图7-7　2010—2014年美国电子书市场各厂商的份额分布

资料来源：2010年数据根据Business Insider网站资料整理,网址为http：//www.businessinsider.com/amazon-selling-90-of-all-e-books-2010-1；2011年数据根据赛迪网站资料整理,网址为http：//news.ccidnet.com/art/1032/20110528/2401267_1.html；2012年数据根据Gilbert（2015）整理,网址为http：//www.cnbeta.com/articles/240912.htm；2013年数据根据cnBeta.COM网站资料整理,网址为http：//www.cnbeta.com/articles/240912.htm；2014年数据根据Kindlefere网站资料整理,网址为http：//kindlefere.com/post/212.html。

总结以上案例,苹果公司进入电子书市场的过程印证了本书用户规模竞争理论研究中的若干结论。首先,"用户迁移"可以使苹果公司在进入电子书市场的短时间内快速形成最低网络规模,解决了苹果在最初进入电子书市场的用户协调难题,为iPad在交叉网络外部性作用下实现用户规模的进一步扩张做好铺垫。iPad从原有市场"迁移"而来的用户规模越大就越有利于平台另一边用户数量的增加,也就越有利于iPad硬件产品销量的增加和苹果公司在电子书市场份额的提高，从而有利于平台用户规模竞争优势的增强。其次，苹果公司通过"用户迁移"方式进入电子书市场一定程度上促进了电子书市场中平台厂商数量的增加，有利于提高整个电子书市场的竞争活力。

三 京东商城的"平台化"

京东商城的前身为2004年1月开始运营的京东多媒体网，该网站在成立初期主要经营计算机、通信和消费类电子产品（3C类），2007年6月更名为京东商城；2008年，京东商城开始扩充空调、冰箱、电视等产品线，逐步覆盖了所有的3C品类，同时不断增加日用百货、图书、音像等商品，使零售商品的范围由3C品类逐渐转为综合类产品，包括服装、食品、日化、图书等。2008年，京东商城销售额达到13亿元[1]，超越了当当、卓越亚马逊等，成为中国最大的纯自营型厂商。下文将对京东商城的"平台化"转型进行具体分析。

2010年12月，京东商城开始引入第三方商户启动"平台化"过程。通过提供第三方商户和消费者之间的媒介服务，使消费者不仅可以选择京东商城自营的产品，还可以选择第三方商户的产品，平台自营和第三方商户共同扩展自身产品种类，使消费者的选择范围更加广泛。自营业务延续了京东商城的产品和服务优势，并对第三方商户形成一定的溢出效应，因此在平台化过程中京东商城逐步形成较高的信誉效应。平台自营的本质是零售，核心在于通过商品变现来增加盈利收入，即更加关注规模化采购下进货成本的降低，以从中赚取产品差价，实现平台的盈利，而并非像淘宝平台一样通过获取大规模的用户流量，进而获取竞价费、广告费等收入实现流量变现。2017年，京东商城营收中自营业务占据91.6%的份额[2]，是京东最主要的收入来源，这得益于京东商城负责商品的整个流通环节，为商品质量背书，具有较高的信誉效应。京东自营的信誉效应是其同等商品定价比第三方商户的价格更高的原因，消费者愿意支付更高的自营商品价格，本质上是对信誉效应的埋单。对产品品质的把控和销售服务的保证是京东自

---

[1] 京东商城官方网站（https://www.jd.com/phb/zhishi/c115a65cab76c839.html）。
[2] 根据京东商城2017年官方财报整理。

营形成信誉效应、扩大用户规模并实现盈利的关键。与为第三方商户提供平台服务的盈利模式不尽相同，自营主要通过商品的进销差价获取利润，而在为第三方商户提供的平台服务中则主要从广告、租金、佣金、物流中盈利，如表 7-2 所示。

表 7-2　　　　京东自营与第三方商户的盈利模式对比

	业务内容	盈利模式	2017 年营收概览
京东自营	3C 和家电类	商品进销差价	营收 2362.69 亿元
	日用百货	商品进销差价	营收 955.55 亿元
第三方商户平台服务	京东快车、京东直投、京东展位、京挑客、京东物流	广告、店铺租金、佣金、物流服务	营收 305.08 亿元

资料来源：根据东兴证券《科技上行　渠道下沉　电商龙头领跑行业》和《服务性收入高速增长，加大研发蓄力科技未来》整理。

京东除凭借信誉效应扩大用户规模之外，还通过多种方式如建立物流体系、与其他互联网公司合作等进一步扩大平台的用户规模，这些举措使平台服务推送更加精准，用户体验更佳，提高了平台对用户的吸引力，促进了用户规模的扩大，为吸引第三方商户参与平台从而实现由单边厂商向平台厂商的转变奠定了基础。在物流方面，京东商城提供了更加优质的购物体验，如成立物流子公司，开始建设覆盖全国的物流网络，全方位满足消费者对物流的实效要求；扩展金融服务，于 2013 年推出京东金融、京东白条、众筹平台等；推出京东商城海外版，与诸多海外电子商务平台开展合作。

京东针对第三方商户采取多元化收费策略，包括店铺租金、交易佣金以及营销广告费用等。在店铺租金方面，京东中的旗舰店、专卖店和专营店需交纳平台使用费，循例每个月为 1000 元。在交易佣金方面，设定佣金率为 1%—10%，通过两种模式收取，一种是 SOP 模式，即商家自己解决仓储和物流；另一种是 FBP 模式，即仓储到配送均由京东操作，前者佣金率较高，后者较低。此外，京东还为商户提供营销推广服务，包括点击付费广告、展示付费广告、效果付费广告等。

　　基于京东自营较高的信誉效应，以及为实现"平台化"在物流网络构建、与互联网公司的合作等方面的努力，京东平台中自营业务与第三方平台业务可以相互促进，共同提升京东平台的交易量。京东自营更高的信誉效应和较为完善的物流体系的建设，成为吸引消费者参与平台的"招牌"；自营业务吸引的消费者数量越多，第三方商户加入京东平台的意愿就会更强烈，第三方商户产品接触到的消费者数量就会越多，可以说，自营业务促进了第三方商户产品销量的提升。第三方商户丰富了京东商城的产品种类和服务内容，扩大平台服务的范围，使产品定价多样化，这均有利于满足消费者多样化、个性化的需求。第三方商户的加入有利于扩大平台整体的用户规模，使京东自营可以接触到更多的消费者。基于自营产品和服务的优势，用户规模的扩大有利于自营产品的销售，因此，第三方商户的加入也促进了京东自营盈利水平的提升。综上，京东平台化的过程有利于平台参与各方盈利水平的提升。

　　京东自营与第三方商户的相互协调和相互促进使京东获得了较高的成交额和较大的商户进驻数量，如2013年，"平台化"后的京东商城的成交金额达到了130亿元[1]。2017年，第三方商户进驻量升至17万家[2]。京东自营与第三方商户并存于平台中，丰富了平台的服务种类，扩大了消费者的选择范围，促进了消费者规模的扩大。2017年，京东年活跃用户数2.93亿，2018年为3.053亿，到2019年，京东的年活跃用户数已经上升到了3.20亿，如图7-8所示。庞大的用户规模使商户参与京东接触更多的消费者，大大提升了京东平台对商户的价值，使京东具备了从各类商户中征收费用、获取利润的能力。在京东平台对商户多元化的收费制度之下，第三方平台业务逐渐成为京东新的营收增长点，至2017年，第三方平台业务营收为305.08亿元，占总营收的8%[3]。随着京东平台用户规模的进一步扩大，第三方平台

---

[1] 根据京东商城官方财报整理。
[2] 根据京东商城官方财报整理。
[3] 根据京东商城官方财报整理。

业务营收对总营收的贡献将会不断上升。

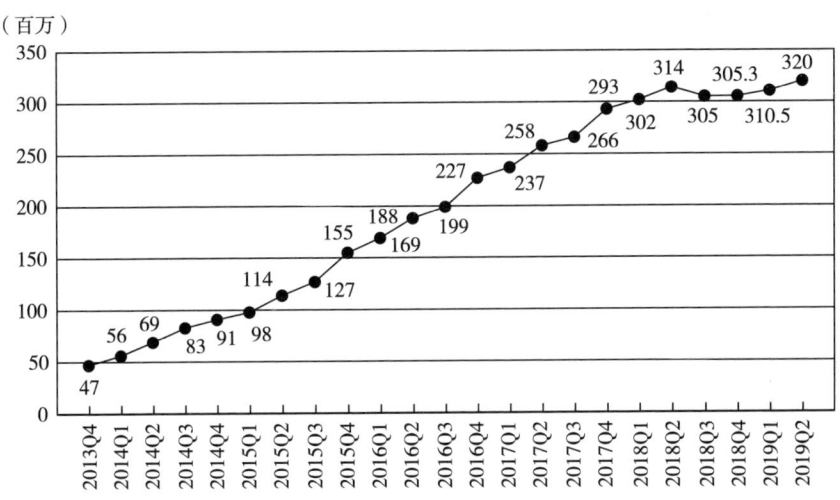

图 7-8　京东商城年活跃用户数

资料来源：根据京东商城官方财报整理。

总结以上案例，可以看出京东商城的发展历程印证了本书理论模型的若干结论。京东较高的产品质量和服务形成了较高的信誉效应，促进了消费者规模的壮大，为京东的"平台化"奠定了吸引第三方商户参与平台的基础。第三方商户基于京东的消费者规模而选择加入平台，消费者规模越大，第三方商户加入京东平台的意愿就会更加强烈，第三方商户基于多元化、个性化的服务也形成吸引消费者的能力，京东自营与第三方商户共同促进平台中消费者规模的扩张。京东商城的高信誉效应和在物流服务水平提升、产品质量保证等方面的努力，以及第三方商户与京东自营之间形成的"共赢"的良性竞争关系促使京东成功地从产品经销商的单边厂商转变为电商平台的平台厂商，逐渐成为单边厂商"平台化"中的典范。

第二节　平台用户类别竞争的案例分析

本节对用户类别竞争的案例进行分析和解读，分别是支付宝跨界互联网金融市场、亚马逊转型为综合性电子商务平台、谷歌在跨界中滥用市场势力。

一　支付宝跨界互联网金融市场

支付宝成立于 2003 年 10 月，最初是为满足淘宝网买方和卖方用户的支付需求而成立的。其在 2004 年与淘宝网分拆，成为独立的第三方支付平台。支付宝分别在互联网理财、购物娱乐、便民服务等方面推出了多项服务，并不断扩展服务范围，最终发展成为连接消费者与多种类别商户的多边平台。支付宝平台的发展历程如图 7-9 所示。支付宝从推出至今陆续上线了余额宝、海外退税、淘票票、城市一卡通、蚂蚁森林、蚂蚁微客、一站式医疗服务、蚂蚁庄园等服务。平台的服务种类繁多，各种服务功能的上线大大扩展了平台的服务范围，使支付宝成为以支付功能为主的综合性平台。

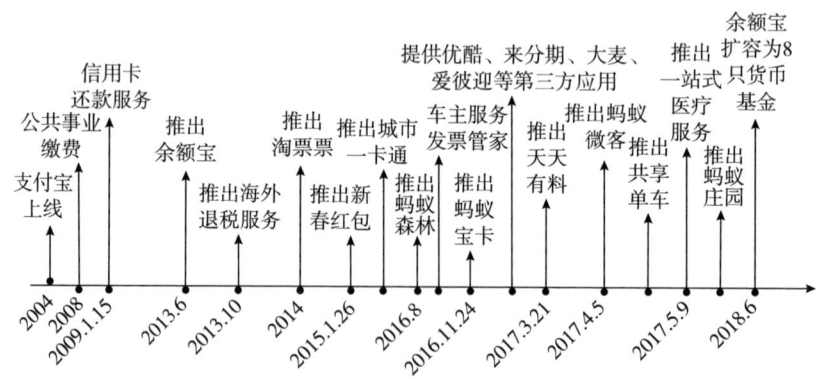

图 7-9　支付宝的发展历程

资料来源：笔者自制。

支付宝在互联网理财服务方面的扩展是最为成功和显著的。支付宝于 2013 年 6 月与天弘基金合作推出余额宝服务，正式进入互联网金融市场，2018年6月，余额宝扩容为8只货币基金，合作对象包括华安基金、博时基金等，扩展了服务内容。在平台的其他功能拓展方面，支付宝通过与滴滴出行、飞猪旅行、哈啰单车的合作，切入出行与旅行领域；通过与移动运营商、燃气供应商、城市公交公司等的线上合作，成功拓展了生活服务功能。

功能拓展后的平台结构如图7-10所示。支付宝由仅有买方和卖方两边用户，转变为具有买方、卖方、基金提供方和第三方应用四边用户。在平台中，基金提供方为平台提供产品数量的增加可以提高消费者的效用水平，即基金提供方与买方或消费者之间具有交叉网络外部性。与此同时，支付宝由原来的双边平台转变为多边平台，各边用户之间的关联变得更加复杂和紧密，任何一边用户数量的变动都会对所有边用户的效用水平造成影响，这反过来又会形成平台用户类别数和效用水平的影响，平台中服务内容的增加和服务范围的扩大使平台的便利性大大提升，提高了消费者的效用水平，此时用户数量和效用水平将显著地随平台用户类别数量增加所形成的综合性便利程度的提升而变化，即用户之间具有用户类别外部性。

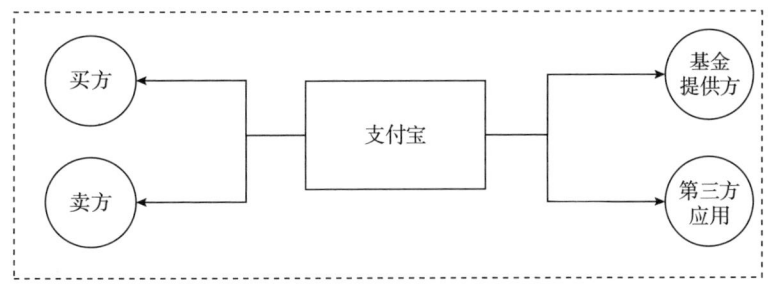

图7-10　支付宝的平台结构

资料来源：笔者自制。

在支付宝的多边平台结构中，交叉网络外部性和用户类别外部性的共同作用提高了消费者的效用水平，进而形成了基于用户类别的竞争优势。支付宝通过进入互联网金融市场，开发了消费者小额闲置资金的用途，增加了消费者的获利渠道，并使消费者无须通过银行等传统金融中介便可实现理财，极大地提高了理财效率，提升了消费者的效用水平，进而促进了消费者规模的扩大。其他功能的拓展也对消费者规模的扩大带来了正向的影响。据统计，2013 年支付宝用户数量为 2.9 亿，至 2018 年便增长到 5.52 亿[①]，支付宝平台在用户类别增加下向多边平台的转型是其重要原因之一。

平台功能的拓展使支付宝的用户规模在交叉网络外部性和用户类别外部性的共同作用下得以扩大，进而影响二者的利润水平。理财服务和第三方应用服务使支付宝扩大了消费者的规模，在交叉网络外部性下提高了各类商户的效用水平，支付宝对各类商户的价值显著提高，促进了各类商户对支付宝平台的参与，提高了支付宝对广告费、转账手续费等的议价能力。2014 年，阿里巴巴广告收入为 48.4 亿美元[②]，至 2018 年增长到 218 亿美元[③]，用户规模的扩张以及双边平台向多边平台的转变对此功不可没。

支付宝对基金提供商的引入促进了消费者规模的扩大和利润水平的提高，同时，对第三方应用的引入也发挥了类似的作用。对各类第三方应用的引入使支付宝用户无须下载各类应用的客户端就可以享受到各应用的服务，满足了消费者的多样化的需求，提高了消费者使用该类应用的便捷程度，提升了消费者的平台体验，进而提高了消费者的效用水平，有利于用户规模的保持与扩大。同时，此类应用可以借助平台的流量优势进一步增加应用的使用数量。不难发现，平台对第三方应用的引入并非只是获取收益，更为重要的是巩固和维持自身的用户优势，维护平台的盈利基础。

支付宝增加用户类别面临成本问题。用户类别越多，平台厂商所面临的运营成本压力就会越大。支付宝的每笔交易在调用银行快捷支

---

① 根据阿里巴巴公司官方财报整理。
② "Alibaba Sees Growth in Advertising Ecommerce Business", https://www.emarketer.com/Article/Alibaba-Sees-Growth-Advertising-Ecommerce-Business/1014316，2016 年 8 月。
③ "TV Ad Spending vs. Alibaba Ad Revenues in China", https://www.emarketer.com/Chart/TV-Ad-Spending-vs-Alibaba-Ad-Revenues-China-2017-2020-billions/217158，2018 年 5 月。

付接口时都需要向银行支付手续费用，随着移动支付的普及，消费者之间转账提现的频次与支付埋单的频次大大增加，形成巨大的运营成本压力。此外，平台每年还要进行大规模的营销活动，营销成本压力也较大。支付宝的部分成本与收费如表7-3所示，比较典型的如支付宝2017年投入600亿元用于"双十一"营销[1]。支付宝从2016年开始对提现功能和信用卡还款功能收取手续费，这体现了支付宝在用户类别竞争中所隐藏的成本压力。

表7-3　　　　　　　　　支付宝的成本与收费例举

时间	成本与收费例举
2014—2017年	耗资百亿举办双十一、双十二购物节
2015年	获得央视春晚独家合作权并宣布"1.56亿现金+5亿红包"计划[2]
2016年10月12日起	对超出20000元的提现收取0.1%的手续费[3]

总结以上案例，支付宝在用户类别竞争下进入互联网金融市场印证了本书理论模型的若干结论。首先，支付宝平台进行用户类别竞争拓展了平台的功能，促使支付宝形成了用户类别的竞争优势。支付宝增加用户类别，逐步使平台对消费者的服务内容更加丰富，服务范围更加广泛，使消费者的效用水平不仅受到交叉网络外部性的影响，还受到平台因用户类别增加所形成的平台功能综合化的影响，即用户之间具有用户类别外部性，用户之间的用户类别外部性越大，用户的效用水平随着用户类别增加而获得的提高就越大，平台对用户的价值和吸引力就越大，有利于增强竞争优势。其次，支付宝增加用户类别有利于提高平台的利润水平。支付宝增加用户类别，促使平台由双边平台逐渐转变为多边平台，平台的功能和服务趋向于综合化，有利于更好地满足用户的需求，

---

[1]《马云支付宝投入600亿应对双十一购物节店铺淘客能从中赚钱么?》，https://baijiahao.baidu.com/s?id=1581835561818554388&wfr=spider&for=pc，2017年10月12日。

[2]《除夕夜红包对决：支付宝扔1.56亿微信5亿》，http://www.chinairn.com/news/20150210/125846529.shtml，2015年2月10日。

[3]《支付宝宣布10月12日起对提现收费超过免费额度收取0.1%》，http://finance.sina.com.cn/roll/2016-09-12/doc-ifxvueif6588518.shtml，2016年9月12日。

进而有利于用户规模的扩大,而用户规模的扩大是平台厂商提升盈利水平的保证,用户规模越大,平台厂商提高平台利润水平的能力就会越强。最后,支付宝实行用户类别多样性策略会受到成本的限制,增加用户类别需要承担成本压力。支付宝的每笔交易在调用银行快捷支付接口时都需要向银行支付手续费用,消费者之间转账提现的频次与支付买单频次大大增加,形成巨大的运营成本压力。支付宝每年还要进行大规模的营销活动,营销成本压力也较大。因此,平台在实行用户类别多样性策略时应在收益与成本之间进行审慎权衡。

二 亚马逊的综合性电商平台转型

亚马逊于 1995 年 7 月成立,起初是一家经营图书销售业务的网上书店。亚马逊平台借助互联网连接读者和出版商两边用户,亚马逊作为中间媒介为两边用户提供产品和服务。读者借助于亚马逊平台满足对书籍的购买需求,出版商借助于亚马逊平台来满足书籍的出售需求,两方的需求通过亚马逊平台的媒介衔接而得以实现。平台上读者用户数量越多,亚马逊平台对出版商就越具有价值;平台上出版商数量越多、出版商在亚马逊平台所投放的书籍种类、版本数量越多,亚马逊平台对读者就越具有价值。

亚马逊要与当时图书市场中的主力即实体书店进行竞争,如巴诺书店(Barnes & Noble)等。对于读者而言,即使互联网已经逐渐渗透于生活的方方面面,但到实体书店阅读书籍和购买书籍仍然是大多数读者的习惯,因此亚马逊平台在美国庞大的图书销售市场中并不占据优势。亚马逊平台在初期阶段更多的是培养用户的网络购书习惯,在这个过程中亚马逊逐渐累积了一定规模的用户,这为亚马逊平台从图书销售平台向综合性电商平台的转型奠定了重要基础。在 1998 年 6 月,亚马逊平台在原有的用户规模的基础上纳入了音乐提供商,于平台中建立了亚马逊音乐商店从而涉足音乐市场;纳入了电影提供商,于平台中建立了亚马逊影音频道从而涉足电影市场。此后,亚马逊平台不断纳入新的商户类别,出现在亚马逊平台上的货源种类也越来越丰富,涉及服装、玩具、电子产品、体育用品、电影、音乐、游戏、家居建材等多个方面,从而在出版商以外形成了商品或服务的供货商一类用户,从而使亚马逊平台由原来的网络图书销售平台转变成了综合性的电子商务平台，实现了由双边平台向多边平台的转型，如图 7-11 所示。

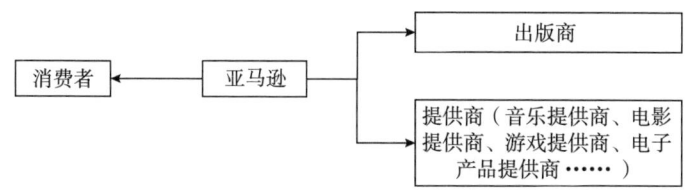

图 7-11　亚马逊平台结构示意

资料来源：笔者自制。

亚马逊平台增加用户类别转型为综合性电商平台使平台的服务范围更为广阔，服务的种类更为丰富，亚马逊平台的销售额在美国电子商务市场中的销售额占比也随之不断攀升。从图 7-12 可以看出，亚马逊平台在 2010 年时仅占全美电子商务市场份额的 13.79%，2013 年达到了 25.8%，2014 年有小幅回落，2017 年重新攀升至 35.1%，在 2018 年小幅回落后市场份额保持在 33.7% 左右。较高的市场份额使亚马逊平台稳居全美电子商务市场第一位。

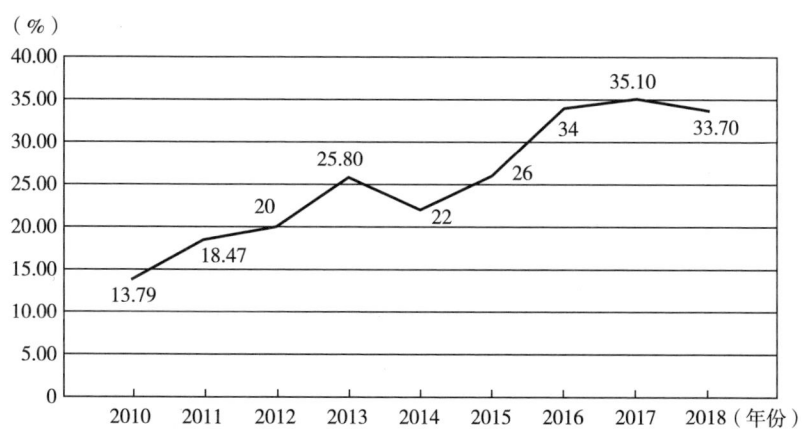

图 7-12　2010—2018 年亚马逊销售额在美国电商市场的占比

资料来源：根据市场调研公司 Rakuten Intelligence 调研数据整理。

亚马逊公司增加用户类别转型为综合性电子商务平台对其用户规模产生了较大的影响。亚马逊在满足消费者购买书籍的需求以外,通过多类别供货商所提供的种类繁多的商品种类,包括服装、玩具、电子产品、体育用品、电影、音乐、游戏、家居建材等多个方面,覆盖了消费者的日常生活需要,消费者广泛的生活需求都可以在亚马逊平台中得到满足,亚马逊对消费者的服务功能更为全面,这些因素提升了亚马逊对消费者的价值。亚马逊可以基于自身更高的价值吸引用户,促进用户规模的扩大。如图7-13所示,从2011年到2018年,亚马逊的年活跃用户数在不断攀升,从2011年的1.3亿增长到2018年的3.9亿。在月流量方面,2018年亚马逊的月流量高达17.8亿,占美国电子商务市场月流量总额的54.1%,在美国最受欢迎的十大电商网站中排名第一位,远高于排名第二位的易贝的8.176亿和第三位的沃尔玛的3.39亿。

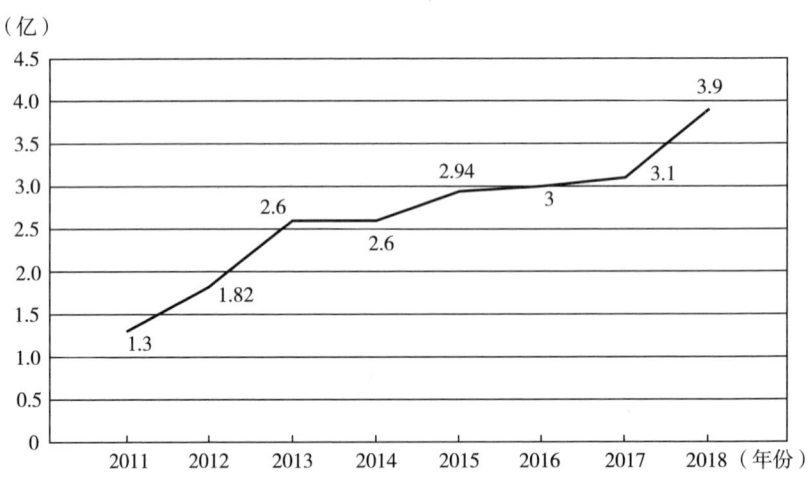

图7-13 2011—2018年亚马逊年活跃用户数

资料来源:根据历年亚马逊官方财报、亚马逊大会信息整理。

亚马逊在转型为综合性电子商务平台后,平台中书籍的受众群体明显扩大,扩大的用户规模成为平台中图书销售板块的现实的或潜在的购买力。① 以亚马逊的电子书为例,畅销书和新书的电子书原统一定价为 9.99 美元,在"苹果—电子书"反垄断案后,亚马逊对电子书进行多样化定价,基于其用户规模优势,在电子书市场得以保持高市场份额占比,至 2015 年,在美国电子书市场的份额高达 71%,远高于排名第二的 12% 的占比和排名第三的 9% 的占比。②

亚马逊增加用户类别实现综合性电子商务平台的转型印证了本书理论模型的若干结论。首先,亚马逊增加用户类别拓展了平台的服务功能,促使亚马逊形成了基于用户类别的竞争优势。亚马逊增加的各个商户类别使服务内容更加丰富,服务范围从原来的图书销售扩展到了电子商务的各个品类,广泛的服务范围使消费者的效用水平受到平台功能综合化的影响而显著提升,提高了平台对用户的价值,增强了平台的竞争优势。其次,亚马逊进行用户类别竞争有利于扩大用户规模和提升定价能力。亚马逊平台增加用户类别转型为综合性电子商务平台提高了用户的参与意愿,促使用户规模获得新一轮的扩张,亚马逊现实的和潜在的购买力大大增加,同时扩张的用户规模以及优质的服务提高了亚马逊的议价能力,一定程度上赋予了亚马逊在电子书市场中的定价的能力。

三 谷歌在跨界中的滥用市场势力

谷歌连接消费者、内容提供商和广告商三边用户,为全球最大的搜索引擎平台。谷歌在发展过程中不断丰富服务种类,如提供谷歌比价购物服务(Google Shopping)。谷歌比价服务为电商卖家提供比标准搜索更理想的展示方式,该种展示方式对促进卖家产品的销售极为有利,因此吸引了大量的电商卖家。谷歌还提供操作系统服务,旗下的安卓(Android)系统主要应用于移动设备,如智能手机和平板电脑。2011 年,安卓手机在全球的市场份额首次超过塞班(Symbian)手

---

① 此处包括纸质书和电子书的销售。
② "Has Amazon Already Won the eBook War in the US?", https://blog.the-ebook-reader.com/2015/10/15/has-amazon-already-won-the-ebook-war-in-the-us/, 2015 年 10 月 16 日。

机，在 2013 年，安卓手机的全球市场份额达到 78.1%[①]。谷歌在增加用户类别和扩展平台服务的过程中实现了对多个市场的进入。

（一）案件简述

谷歌的用户类别竞争过程曾受到欧盟委员会的多次指控和调查，比较典型的是欧盟委员会对谷歌在线搜索的调查和对安卓操作系统的调查。欧盟委员会对谷歌在线搜索市场的调查发生于 2010—2017 年。2009 年，欧盟收到英国购物服务平台 Foundem、法国搜索服务商 eJustice 等机构的反垄断申诉，认为谷歌以不公平的竞争手段使它们在搜索结果处于不利的地位。欧盟于 2010 年启动对谷歌滥用在线搜索市场支配地位指控的调查。经过近 7 年的审查，欧盟委员会认为谷歌滥用了其在在线搜索市场的支配地位，于 2017 年 6 月 27 日对谷歌处以 24.2 亿欧元的罚金。该案件中，谷歌利用其在在线搜索领域市场的技术优势与用户优势，通过人为干预搜索结果，提高了自身比价服务在搜索结果中的排名；谷歌服务中适用于其他比价服务公司的惩罚性措施不适用于自身的比价服务，从而显著降低了竞争对手的比价服务在搜索结果中的排名，人为地将流量从竞争对手中进行转移。鉴于谷歌的在线搜索服务在欧盟占有 90% 以上的市场份额，谷歌对比价服务搜索结果的干预行为是对搜索结果中立性原则的严重扭曲，显著地排挤了竞争对手，损害了消费者的利益并且扼杀了创新，是一种明显的滥用市场支配地位的行为[②]。

欧盟委员会对安卓操作系统的调查发生在 2015—2018 年。2015 年 4 月，欧盟委员会启动对谷歌滥用移动操作系统市场支配地位指控的调查。经过 3 年半的调查，欧盟委员会认为谷歌滥用了其在移动操作系统领域的市场支配地位，妨碍了在搜索引擎、浏览器市场和移动操作系统领域的正常竞争，于 2018 年 10 月 9 日对谷歌处以 43.4 亿

[①] 根据美国市场调研公司 IDC 对 2013 年第四季度的 Android 和 iOS 设备出货量调查整理。

[②] 《欧盟委员会对谷歌处以 24.2 亿欧元罚款》，http://europa.eu/rapid/press-release_IP-17-1784_en.htm.

欧元的罚款①。在移动操作系统领域，安卓系统占据了世界可授权智能移动操作系统95%的市场份额（不含中国）②。安卓系统名义上是开源的，即谷歌免费向终端制造商提供安卓软件，但同时要求第三方设备制造商必须在其终端上预装谷歌应用商店、搜索应用及Chrome浏览器，以此换取安卓系统使用权。谷歌甚至向设备制造商和移动运营商提供经济补偿，换取对方在设备上预装谷歌搜索应用和Chrome浏览器的权利，同时达成排他性的预装协议，即谷歌搜索服务的竞争对手无法获得和谷歌搜索同样的预装竞争优势。谷歌竭力防止设备制造商使用任何变种的安卓系统（"安卓交叉"），如禁止把通用搜索服务预装在"安卓交叉"系统上，使"安卓交叉"系统对于用户的吸引力形成事实上的下降，保证安卓系统支配地位优势以及对排他性预装协议的推进，限制竞争对手的搜索服务。通过以上搭售或排他性的协议安排，谷歌将其在移动操作系统市场的市场势力成功导入移动搜索和浏览器市场，其竞争对手无法通过移动设备获取更多的搜索数据和移动位置数据，从而彻底扼杀竞争对手搜索服务威胁谷歌市场地位的可能性，严重妨碍了移动搜索服务、移动浏览器与移动操作系统领域的竞争。

（二）谷歌平台在用户类别竞争过程中滥用市场势力的行为

欧盟委员会认为谷歌滥用了其市场支配地位，以一个市场的支配地位干扰在另一个市场的竞争。欧盟的产业政策不仅禁止了相关企业在其具备市场势力的市场内滥用市场支配地位，也禁止该企业将其特定市场内的市场势力传导至其他市场、损害其他领域竞争的行为。基于以上欧盟委员会对谷歌的两起反垄断审查，可以归纳出互联网平台在用户类别竞争过程中可能存在的典型的滥用市场势力三个方面的行为。

第一，平台非中立性行为。与传统单边市场不同，用户规模在互

---

① 《欧盟委员会对谷歌处以43.4亿欧元罚款》，http://europa.eu/rapid/press-release_IP-18-4581_en.htm.

② 《安卓系统占据世界可授权智能移动操作系统的95%的市场份额》，https://www.huxiu.com/article/253876.html?rec=manual.

联网平台的市场势力构成中占据了极其重要的地位。平台基于用户优势进行用户类别竞争实现跨界是较为普遍的竞争策略，但平台在跨入某一领域之后便有动机不再扮演"中立"角色，转而偏袒自身服务，把在原市场的主导优势传递到新市场，通过非中立性策略影响新市场的有效竞争。基于非中立性策略，谷歌的比价服务获得了大量的流量，同时导致几乎所有的竞争对手网站流量的减少，长期内将致使其他比价服务厂商逐渐退出市场，因此，非中立性策略具有反竞争行为的市场圈定效应（曲创和刘洪波，2017）。在跨界过程中的非中立性策略，将平台厂商在原市场的市场支配地位"传递"到另一个市场中，为自有服务提供了竞争保护，干扰了有效的市场竞争，抑制了其他厂商的竞争与创新意愿，显著地损害了竞争的公平性。

第二，搭售。搭售通常指用户在购买一种商品的同时必须购买另一种商品。在移动互联网时代，平台企业在技术与商业模式上的创新使搭售行为看起来更具"迷惑性"。互联网企业提供的产品往往是免费的，而通常使用交叉补贴战略，利用广告收入支撑业务发展（Evans and Noel，2008），因此获取用户成了互联网平台追求的主要目标。谷歌将安卓系统免费化，同时要求终端厂商排他性地内置其移动搜索服务与浏览器，本质上是一种搭售行为。基于安卓在移动操作系统领域的垄断地位，谷歌将移动操作系统领域的市场势力跨界传导至移动搜索与浏览器领域对其他厂商提供的类似产品具有显著的排挤作用，构成了不正当竞争行为。

第三，排他性协议。排他性协议指的是企业通过合同等方式"限定交易相对人只能与其进行交易或者只能与其指定的经营者进行交易"。谷歌利用在移动操作系统领域强势的地位，要求第三方终端制造商与移动服务提供商进行排他性的软件预装；利用在移动搜索领域的强势地位对"安卓交叉"设置障碍。通过这种排他性的协议，谷歌强化了在移动操作系统和搜索领域的垄断地位，同时也对领域内的竞争形成了打击，显著地滥用了其市场支配地位。国内屡见不鲜的电商平台要求在线商户"二选一"的情形与此类似。

"谷歌比价服务案"与"谷歌操作系统案"两个案例印证了本书

理论模型的若干结论。谷歌平台以比价服务以及操作系统服务等涉足多个市场,用户类别的丰富使谷歌平台所提供的产品或服务更趋丰富和综合性,极大地提高了消费者的参与意愿,促使谷歌平台的用户规模进一步壮大,提升了谷歌平台的获利能力,有利于谷歌平台市场势力的提升。由此可以看出,平台厂商实行用户类别竞争发挥了平台经济的优越性,提高了自身的竞争优势,但若平台厂商在用户类别竞争中滥用市场势力,使用不正当的竞争手段谋求市场势力的跨市场传递则为《反垄断法》所禁止,不利于正常的市场竞争秩序的维持。谷歌平台在用户类别竞争中存在诸多滥用市场势力的不正当竞争行为,如非中立性、搭售以及排他性协议等。平台厂商在用户类别竞争中的以上不正当竞争行为使其能够以一个市场的支配地位干扰另一个市场的竞争秩序,长此以往将导致竞争者被无辜排挤出市场,严重损害市场的公平与竞争。

第三节　本章小结

本章以互联网平台企业用户竞争的典型案例和事件为研究对象,将前文关于平台用户规模竞争和用户类别竞争的研究应用于现实经济问题的分析中,剖析了平台厂商的用户竞争行为及其作用效果。

在平台用户规模竞争方面,本章以"滴滴出行""快的打车"和"优步中国"等网约车平台的"用户补贴"为例,分析了补贴策略对扩大用户规模的影响;以苹果公司通过 iPad 内置 iBooks 进入电子书市场为"用户迁移"的典型案例,分析了"用户迁移"对扩大用户规模的影响;以京东商城的"平台化"为典型案例,分析了"平台化"对扩大用户规模的影响。通过分析和解读发现互联网平台"用户补贴""用户迁移""平台化"方式能够在交叉网络外部性的作用下快速形成最低网络规模和克服协调难题,强化用户规模优势,进而提高对用户的定价能力并提升平台收益水平。但对用户规模竞争方式的不恰当使用则可能妨碍市场竞争。以网约车平台"用户补贴"为例,

"滴滴出行"一家独大后对补贴力度的策略性调整使补贴具有阻挡进入的作用，形成了事实上的进入壁垒，影响了市场的竞争与公平。

在平台用户类别竞争方面，本章以支付宝、亚马逊、谷歌等大型互联网平台的跨市场竞争为典型案例，分析和解读平台用户类别竞争对平台竞争优势的影响。通过研究发现，在交叉网络外部性的作用下，支付宝和亚马逊增加用户类别有利于以多样化服务满足消费者需求，有利于形成规模经济和范围经济以及平台收益水平的提升。但降低跨市场竞争成本的动机使平台厂商存在滥用其市场势力的可能，如谷歌在从在线搜索市场、操作系统市场跨界比价服务、移动浏览器、移动搜索市场时，以强制搭售、排他性协议等行为使其以一个市场的市场势力干扰另一个市场的正常竞争秩序，将跨界竞争逐步转化为跨界垄断，破坏了公平与竞争，损害了其他竞争者的利益，并因此遭到了欧盟监管机构的处罚。

第八章 主要结论与对策建议

第一节 主要研究结论

  本书从用户规模和用户类别两个层面，研究了互联网平台进行用户竞争的动机和机理。首先，基于对交叉网络外部性的剖析，总结了平台只有在各边用户的参与下才能实现平台服务的生产过程和消费过程，且用户的参与使这两个过程同时发生、协同实现，任何一边用户的缺失都会使平台丧失待匹配的资源的规律，探讨了平台用户竞争中的范围经济和规模经济的形成机制，由此揭示了平台厂商进行用户规模竞争和用户类别竞争的内在原因。其次，探究了平台用户规模竞争的内在机理，探讨了互联网技术进步背景下平台较为典型的竞争方式——"用户补贴"、"用户迁移"、单边厂商"平台化"对扩大用户规模的作用。再次，探究了平台用户类别竞争的内在机理，考察了平台用户类别竞争的限制性因素，并基于交叉网络外部性的作用剖析了平台在用户类别竞争中滥用市场势力的动机和原因。最后，对理论分析的有关结论进行实证分析和案例解读，通过对客观事件、反垄断案例的分析和探讨进一步佐证、补充和丰富本书的结论。

  基于对前人研究的总结和对平台经济现实的概括，本书提出了以下四个问题并进行了研究：第一，平台厂商进行用户竞争的原因是什么？第二，平台用户规模竞争的动机和机理是什么，互联网技术进步背景下典型的平台用户规模竞争方式为何能够扩大平台的用户规模？第三，平台用户类别竞争的动机和机理是什么？第四，限制平台厂商通过增加用户类别提高竞争优势的因素有哪些，平台在用户类别竞争中滥用市场势力是否与这些因素有关？

通过本书的研究，所得到的结论如下。

第一，在双边市场中，用户的参与使平台的生产过程与消费过程同时实现、协同发生，任何一边用户的缺失都会使平台丧失待匹配的资源，进而使生产过程和消费过程同时消失，平台也将失去存在的价值。平台扩大用户规模和增加用户类别能够在交叉网络外部性的作用下，以大规模匹配交易和跨市场的多边服务功能降低平台服务成本和用户的时间成本、选择成本，强化平台的用户规模优势和用户类别优势，从而形成基于用户的规模经济和范围经济，使平台厂商能够提高平台经营绩效。基于此，平台可以从两个层面增强用户竞争优势：一是增加用户数量，形成用户规模优势，二是增加用户类别参与跨市场竞争，将双边平台服务转变为多样化的多边平台服务。

第二，互联网平台可通过"用户迁移"等多种用户规模竞争方式扩大用户规模和平台各边用户的匹配交易范围，促使平台形成大规模匹配交易量，形成规模经济，提升平台经营绩效。"用户迁移"可使平台厂商的一边用户在短时间内达到最低网络规模，进而在交叉网络外部性下扩大另一边的用户规模，促进大规模匹配交易，提高竞争优势。"用户补贴"促使平台快速推广平台服务，形成两边用户规模并达成匹配交易，但平台需承受利润被补贴挤出的影响，随着累计补贴数额的上升，扩大的用户规模则可能使盈利回升。单边厂商的"平台化"能够利用产品的信誉效应对用户尤其是消费者选择的影响，在交叉网络外部性和直接网络外部性下扩充用户规模，实现平台关键资源共享，形成规模经济。

第三，平台厂商增加用户类别能够丰富平台服务内容和扩大平台服务范围，在交叉网络外部性和用户类别外部性的联合作用下形成规模经济和范围经济，进而提高平台收益水平。交叉网络外部性会影响平台用户类别竞争的效果，当新增用户类别的交叉网络外部性强度较大时，平台厂商增加该类别用户能够形成较大的匹配交易规模，进而促使平台提高收益；当新增用户类别的交叉网络外部性强度较小时，平台厂商增加该类别用户便无法形成较大的匹配交易规模，也就无法对平台收益的提高形成较大的助益。此外，用户类别竞争是一种相对复杂的竞争方式，受平台内部资源和外部竞争环境等多方面因素的制约。平台用户类别竞争的过程即是平台在成本制约下的选择过程，可以理解为平台跨市场竞争的行为。当跨市场成本较低时，增加用户类别对平台利润的贡献首先呈上升趋势，而随着用户类别数量的增加，用户类别对平台利润的贡献逐渐降低；当跨市场成本较高时，增加用户类别对平台利润的贡献较低，且随着成本压力的增大会进一步降低，甚至出现亏损。因此，平台的用户类别不能无限增加，否则将使自身为成本所累，甚至最终退出市场。

第四，平台降低用户类别竞争中的跨市场成本的动机的存在，加大了用户类别竞争中平台通过滥用市场势力进而提升用户类别竞争优势的趋势，通过强制搭售、排他性协议等行为能够使平台借助杠杆效应实现市场势力在各个市场之间的传递，降低跨市场竞争的成本对规模经济和范围经济的制约作用，甚至能够促使跨市场竞争逐步转化为跨市场垄断。互联网技术的进步使平台用户类别竞争的方式趋向于多元化，且由于平台厂商增加用户类别时通常涉及多个市场，若仅着眼于单个市场的竞争行为、竞争过程和结果，将不易发现隐蔽的滥用市场势力的行为。在用户规模竞争中，平台在形成生存所必需的最低网络规模后仍进行持续性的大额补贴可能会妨碍市场的公平与竞争，着眼于竞争方式本身的监管将不易对此进行判断，对平台进行用户规模竞争的动态监管则十分必要。

第二节 相关政策建议

根据对互联网平台用户竞争的分析和得到的结论，本书提出以下五个方面的政策建议。

第一，充分认识到技术进步背景下平台经济的新运行规律或特点，调整监管思路。

双边市场的特性与技术进步使平台需要在用户的大量参与下实现服务的生产过程和消费过程，任何一方用户的缺失都会使平台丧失待匹配的资源，使平台的产品或服务无从生产也无路消费，即平台服务功能无法得到发挥，这使用户成为平台竞争的关键。市场监管主体在审视平台型企业的有关案件时，应根据双边市场的特点调整监管思路，从用户竞争入手，包括平台对消费者和各类商品或服务的供应商两个方面，跟踪观察互联网平台对用户各项服务如收费、补贴等，评估平台服务对市场公平与竞争的影响，审慎审查，完善市场监管，促进平台经济模式的健康运行和市场竞争活力的激发。

第二，市场监管主体应允许平台厂商通过多种方式扩大用户规模，但对扭曲市场竞争秩序的行为应进行适当的监管控制。

在互联网、大数据等技术快速进步的背景下，平台厂商可以通过多种方式增加用户数量，强化用户规模优势，如"用户补贴"、"用户迁移"、单边厂商"平台化"等。但若平台厂商进行持续性的大额补贴以达成行业垄断或阻碍市场进入，补贴便妨碍了正常的市场竞争与公平。市场监管主体应对此类竞争行为保持关注，进行动态监管，防止平台厂商对用户竞争方式的滥用扭曲市场价格与竞争机制，造成行业垄断或阻碍市场进入。市场监管主体应着重引导平台厂商合理利用多样化的竞争方式，鼓励竞争，打破垄断，防止出现妨碍市场公平与竞争的行为。

第三，市场监管主体应引导平台厂商合理协调扩大用户规模和增加用户类别之间的关系，促进发挥平台经济的优越性。

平台经济模式具有节约交易成本、提高匹配效率等优越性，平台厂商扩大用户规模和增加用户类别有利于在生产与消费同一化下获取更大规模的匹配交易，形成规模经济和范围经济，并增加市场中现实或潜在竞争者的数量，激发市场活力。因此在制定产业政策和竞争政策时应引导平台厂商协调用户规模和用户类别之间的关系，既要鼓励平台进行用户类别竞争跨越多个市场，使市场竞争主体除了"看得见"的竞争威胁，还存在"看不见"的潜在竞争威胁，促进其提高产品或服务的质量，打破部分行业中的垄断或寡头竞争格局，提升市场竞争的效率；也要引导平台厂商理性且慎重地进行跨界竞争，防止落入"跨界陷阱"被成本所累，造成整体社会资源的浪费。此外，市场监管主体应对所有的市场参与者一视同仁，以同样的市场竞争规则来规范所有的市场竞争者，关注市场竞争参与主体的行为而非身份，不因"跨市场竞争者"的身份而厚此薄彼。

第四，基于保护竞争的原则审慎监管平台用户竞争行为，避免对市场形成过度干预。

随着互联网技术的进步，平台经济趋向复杂化、多元化，平台厂商跨越多个市场的竞争行为逐渐多样化，这加大了对其中所隐藏的不正当竞争行为的审查难度，对我国反垄断法在互联网平台跨市场监管方面的应用提出了挑战。市场监管主体应基于保护竞争的原则对平台跨市场竞争行为进行审慎监管，从维护市场各竞争主体的平等地位和正常的市场竞争机制角度出发，对平台增加用户类别进行跨市场竞争的行为进行必要的经济学分析，既要鼓励和引导创新，发挥平台经济的效率优越性，保护消费者的利益，又要防止平台跨市场行为中出现滥用市场势力的不正当竞争行为，同时还要避免对市场形成过度干预，保持平台经济的优越性与竞争活力。

第五，对易于在平台用户竞争中隐藏的不正当竞争行为进行持续跟踪和关注，适时纳入反垄断法的规制范围。

互联网技术的进步和普及使平台厂商增加用户类别进入多个市场的滥用市场势力行为具有隐蔽性，比较典型的如强制搭售、排他性协议、非中立行为等可使平台厂商在竞争中获取较大的竞争优势，使跨市场竞争有转换为跨市场垄断的可能，最终损害市场竞争与创新。对于强制搭售、排他性协议等已在反垄断法规制范围内的行为，市场监管主体应据此加强平台跨市场竞争中该类行为的监管，维护市场竞争机制。对于平台非中立等尚未在反垄断法规制范围内的行为，反垄断执法机构应对其进行持续跟踪和关注，以保护竞争和消费者利益为原则，将该类行为作为平台厂商不正当竞争行为的判定依据之一，并适时纳入反垄断法的立法规制范围。

参考文献

白雪洁、孙红印、汪海凤：《R&D 活动、市场势力与社会福利效应——基于中国企业的实证分析》，《经济理论与经济管理》2016 年第 3 期。

卜军：《互联网交易冲击下的银行卡定价策略——基于双边市场理论的实证研究》，《财经科学》2015 年第 12 期。

蔡宁、王节祥、杨大鹏：《产业融合背景下平台包络战略选择与竞争优势构建——基于浙报传媒的案例研究》，《中国工业经济》2015 年第 5 期。

蔡炎宏、刘淳、张春霞：《P2P 网贷平台的定价策略研究——基于垄断条件下的建模分析》，《投资研究》2014 年第 4 期。

曹洪、刘小梅：《平台产业研究现状及其展望》，《经济学动态》2010 年第 12 期。

曹俊浩、陈宏民、石彼得：《基于双边市场理论的 B2B 垄断平台自网络外部性分类及其强度研究》，《上海交通大学学报》2010 年第 12 期。

曹俊浩、陈宏民、孙武军：《多平台接入对 B2B 平台竞争策略的影响——基于双边市场视角》，《财经研究》2010 年第 9 期。

陈兵：《大数据的竞争法属性及规制意义》，《法学》2018 年第 8 期。

陈兵：《现代反垄断法语境中的消费者保护》，《上海财经大学学报》2013 年第 5 期。

陈立平：《中国百货店的联营制研究》，《北京工商大学学报》（社会科学版）2011 年第 5 期。

陈明艺、李娜：《基于完全信息静态博弈的专车补贴策略研究》，《财经论丛》2017年第1期。

陈硕颖、黄爱妹：《基于供给侧结构性改革的"互联网+"实践辨析》，《当代经济研究》2018年第9期。

陈禹、杨培芳、姜奇平、吕本富、吴旭亮：《互联网时代的经济学革命——互联网时代需要什么样的经济学》，《财经问题研究》2018年第5期。

程贵孙、陈宏民、孙武军：《双边市场视角下的平台企业行为研究》，《经济理论与经济管理》2006年第9期。

程贵孙、陈宏民、孙武军：《网络外部性与企业纵向兼并分析》，《中国管理科学》2005年第6期。

程贵孙：《单边收费还是双边收费：双边市场中媒体定价模式选择》，《管理工程学报》2011年第1期。

程贵孙、黎倩：《软件保护对软件平台商双边定价策略的影响研究》，《中国管理科学》2016年第9期。

程贵孙、李银秀：《平台型产业反垄断规制的几个关键问题研究》，《当代财经》2009年第7期。

程贵孙：《平台型产业反垄断规制的理论误区与释疑——基于双边市场理论视角》，《商业经济与管理》2009年第3期。

程贵孙：《我国银行卡产业垄断势力的界定与政府管制政策研究》，《当代财经》2010年第5期。

程贵孙：《组内网络外部性对双边市场定价的影响分析》，《管理科学》2010年第1期。

程华：《互联网金融的双边市场竞争及其监管体系催生》，《改革》2014年第7期。

戴菊贵、蒋天虹：《基于双边市场理论的P2P平台定价研究》，《财经问题研究》2015年第9期。

邓可斌：《风险传导下的定价机制：双边市场理论考察》，《中南财经政法大学学报》2009年第4期。

丁宁：《基于双边市场理论的中国信用卡市场价格结构分析》，

《宏观经济研究》2014年第6期。

董亮、任剑新：《网络外部性与基于行为的区别定价》，《经济评论》2012年第5期。

董亮、赵健：《双边市场理论：一个综述》，《世界经济文汇》2012年第1期。

董维刚、许玉海、孙佳：《产业间平台合作下的双边定价机制研究——基于对固有收益影响的分析》，《中国工业经济》2011年第7期。

董维刚、张昕竹：《银行卡产业特征与反垄断难题》，《数量经济技术经济研究》2007年第6期。

窦一凡、朱岩：《基于纵向差异化的双边软件平台竞争》，《清华大学学报》（自然科学版）2015年第6期。

杜朝运、毕柳：《银行卡刷卡消费定价研究》，《投资研究》2010年第9期。

杜传忠、刘志鹏：《互联网创业公司的用户补贴与烧钱：盲目竞争还是理性选择》，《现代财经（天津财经大学学报）》2017年第7期。

段文奇：《基于复杂网络的第三方电子商务平台临界用户规模研究》，《中国管理科学》2014年第12期。

段文奇、柯玲芬：《基于用户规模的双边平台适应性动态定价策略研究》，《中国管理科学》2016年第8期。

方燕、刘柱、隆云滔：《互联网经济的性质：本质特征和竞争寓意》，《财经问题研究》2018年第10期。

冯然：《竞争约束、运行范式与网络平台寡头垄断治理》，《改革》2017年第5期。

冯文娜：《互联网经济条件下的企业跨界：本质与微观基础》，《山东大学学报》（哲学社会科学版）2019年第1期。

傅联英：《垄断性卡组织多产品定价策略》，《南方经济》2011年第4期。

傅瑜、隋广军、赵子乐：《单寡头竞争性垄断：新型市场结构理论构建——基于互联网平台企业的考察》,《中国工业经济》2014 年第 1 期。

傅瑜:《中国电子商务平台缘何超越国际巨头——C2C 双边市场的中国模式》,《国际经贸探索》2012 年第 9 期。

高洁、蒋传海、王宇:《平台竞争与独家交易》,《财经研究》2014 年第 2 期。

顾成彦、胡汉辉:《捆绑销售理论研究评述》,《经济学动态》2008 年第 7 期。

桂云苗、龚本刚、程永宏:《双边努力情形下电子商务平台质量保证策略研究》,《中国管理科学》2018 年第 1 期。

郭水文、肖文静:《网络效应的作用机制研究》,《经济评论》2011 年第 4 期。

黄纯纯:《网络产业组织理论的历史、发展和局限》,《经济研究》2011 年第 4 期。

黄坤:《反垄断审查中的经济学分析——以奇虎公司诉腾讯公司案为例》,《经济与管理研究》2014 年第 11 期。

黄玲、周勤、岳中刚:《众筹平台的双边市场性质与竞争策略:分析框架及研究进展》,《外国经济与管理》2015 年第 11 期。

黄文妍、段文奇:《双边市场平台战略投资决策——技术创新导向型还是人工服务导向型》,《中国管理科学》2015 年第 s1 期。

纪汉霖、管锡展:《服务质量差异化条件下的双边市场定价策略研究》,《产业经济研究》2007 年第 1 期。

纪汉霖:《双边市场定价方式的模型研究》,《产业经济研究》2006 年第 4 期。

纪汉霖、王小芳:《双边市场视角下平台互联互通问题的研究》,《南方经济》2007 年第 11 期。

蒋璐璇:《互联网双边市场经营者集中申报标准之困境》,《东南大学学报》(哲学社会科学版)2017 年第 s1 期。

荆文君、孙宝文:《数字经济促进经济高质量发展:一个理论分析框架》,《经济学家》2019 年第 2 期。

孔群喜、石奇：《通道费的市场规则：基于弱自然垄断行业特征的解释》，《商业经济与管理》2010年第6期。

李剑：《反垄断法中的杠杆作用——以美国法理论和实务为中心的分析》，《环球法律评论》2007年第1期。

李健、贾玉革：《金融结构的评价标准与分析指标研究》，《金融研究》2005年第4期。

李立祥、柴跃延、刘义：《基于交易服务的第三方B2B电子商务平台模型》，《清华大学学报》（自然科学版）2010年第4期。

李凌：《平台经济发展与政府管制模式变革》，《经济学家》2015年第7期。

李明志、谭丝竹、刘启：《视频游戏产业中竞争平台定价策略》，《清华大学学报》（自然科学版）2012年第6期。

李泉、陈宏民：《产业技术标准的竞争与兼容性选择——基于双边市场理论的分析》，《上海交通大学学报》2009年第4期。

李泉、陈宏民：《平台企业竞争有效性及投资策略性效果研究》，《管理工程学报》2009年第4期。

李小玲、李新建：《双边市场中平台企业的运作机制研究评述》，《中南财经政法大学学报》2013年第1期。

李新义、汪浩瀚：《双边市场横向兼并的定价及福利研究——以中国网络传媒业为例》，《财经研究》2010年第1期。

李旭辉、李承政：《位置拍卖与平台企业价格歧视》，《中央财经大学学报》2016年第1期。

李允尧、刘海运、黄少坚：《平台经济理论研究动态》，《经济学动态》2013年第7期。

林平、刘丰波：《双边市场中相关市场界定研究最新进展与判例评析》，《财经问题研究》2014年第6期。

林森相、卢晴川：《以效率价值主导的经营者集中申报标准重构——以滴滴出行与Uber中国合并为切入点》，《东南大学学报》（哲学社会科学版）2017年第s2期。

刘启、李明志：《非对称条件下双边市场的定价模式》，《清华大学学报》（自然科学版）2009 年第 6 期。

刘维奇、张苏：《双边平台兼并策略下的定价问题分析》，《中国管理科学》2017 年第 5 期。

刘锡良、刘轶：《提升我国商业银行竞争力：成本领先战略视角》，《金融研究》2006 年第 4 期。

刘娴、徐飞：《基于双边市场的影院竞争策略研究》，《管理工程学报》2015 年第 3 期。

刘英群、吕忠浩：《银行卡组织对线下收单市场的纵向一体化行为分析》，《东北财经大学学报》2014 年第 1 期。

陆晓菁、陈宏民：《电子口碑虚拟社区平台定价策略》，《上海交通大学学报》2014 年第 2 期。

罗金峰、李明志、李秦：《电子商务平台中的卖家甄别机制》，《清华大学学报》（自然科学版）2014 年第 8 期。

罗珉、杜华勇：《平台领导的实质选择权》，《中国工业经济》2018 年第 2 期。

罗珉、李亮宇：《互联网时代的商业模式创新：价值创造视角》，《中国工业经济》2015 年第 1 期。

罗泳涛、高平：《基于双边市场的银行卡定价理论研究》，《中南财经政法大学学报》2016 年第 1 期。

骆品亮、韩冲、余林徽：《我国银行卡市场双边性检验及其政策启示》，《产业经济研究》2010 年第 2 期。

马汉武、刘兴祥：《B2C 平台的价格结构及其收益的比较研究》，《中国管理科学》2013 年第 s2 期。

马长山：《智能互联网时代的法律变革》，《法学研究》2018 年第 4 期。

莫长炜、邓路：《网络中立理论的兴起与研究动态》，《财政研究》2014 年第 3 期。

牛慕鸿：《银行卡支付系统的信息成本、兼容使用及交换费——基于同一双边市场平台的借记卡与信用卡竞争研究》，《金融研究》2010 年第 8 期。

戚聿东、蔡呈伟：《数字化企业的性质：经济学解释》，《财经问题研究》2019 年第 5 期。

秦朵、何新华：《人民币失衡的测度：指标定义、计算方法及经验分析》，《世界经济》2010 年第 7 期。

邱甲贤、林漳希、童牧：《第三方电子交易平台运营初期的定价策略——基于在线个人借贷市场的实证研究》，《中国管理科学》2014 年第 9 期。

邱甲贤、聂富强、童牧、胡根华：《三方电子交易平台的双边市场特征——基于在线个人借贷市场的实证分析》，《管理科学学报》2016 年第 1 期。

邱甲贤：《排他性支付工具市场的定价策略研究》，《中国管理科学》2016 年第 s1 期。

邱毅、郑勇军：《商贸平台的垄断势力与垄断行为研究：基于通道费视角》，《商业经济与管理》2013 年第 7 期。

曲创、刘洪波：《交叉网络外部性、平台异质性与对角兼并的圈定效应》，《产业经济研究》2018 年第 2 期。

曲创、刘洪波：《平台非中立性策略的圈定效应——基于搜索引擎市场的试验研究》，《经济学动态》2017 年第 1 期。

曲创、刘伟伟：《双边市场中平台搭售的经济效应研究》，《中国经济问题》2017 年第 5 期。

曲创、朱兴珍：《垄断势力的行政获取与高额利润的市场获得——对银联身份变迁的双边市场解读》，《产业经济研究》2015 年第 1 期。

曲振涛、周正、周方召：《网络外部性下的电子商务平台竞争与规制——基于双边市场理论的研究》，《中国工业经济》2010 年第 4 期。

任曙明、李琳琳、董维刚：《纵向一体化下的第三方支付定价研究》，《上海金融》2014 年第 11 期。

荣朝和：《关于经济学时间概念及经济时空分析框架的思考》，《北京交通大学学报》（社会科学版）2016 年第 3 期。

荣朝和：《互联网共享出行的物信关系与时空经济分析》，《管理世界》2018 年第 4 期。

荣朝和：《交通—物流时间价值及其在经济时空分析中的作用》，《经济研究》2011 年第 8 期。

芮明杰、李想：《差异化、成本领先和价值创新——企业竞争优势的一个经济学解释》，《财经问题研究》2007 年第 1 期。

尚秀芬、陈宏民：《双边市场特征的企业竞争策略与规制研究综述》，《产业经济研究》2009 年第 4 期。

盛斌、张运婷：《全球价值链视角下的中国国际竞争力：基于任务与产品实际有效汇率的研究》，《世界经济研究》2015 年第 2 期。

石奇、岳中刚：《大型零售商的双边市场特征及其政策含义》，《财贸经济》2008 年第 2 期。

史普润、江可申、郑艺：《平台经济分析框架下的机场定价策略及其影响因素——基于我国机场市场结构的实证分析》，《财贸经济》2013 年第 6 期。

司马红、程华：《双边市场中的客户基础建立策略：关于日本电子货币产业的考察》，《管理评论》2012 年第 11 期。

苏治、荆文君、孙宝文：《分层式垄断竞争：互联网行业市场结构特征研究——基于互联网平台类企业的分析》，《管理世界》2018 年第 4 期。

孙宝文、荆文君、何毅：《互联网行业反垄断管制必要性的再判断》，《经济学动态》2017 年第 7 期。

孙凡、宋瑜婧：《个人信息对企业发展的影响机制研究——基于网络营销平台的视角》，《中央财经大学学报》2018 年第 3 期。

孙武军、冯雪岩：《P2P 网络借贷平台具有双边市场特征吗？——来自"人人贷"的经验证据》，《北京工商大学学报》（社会科学版）2016 年第 3 期。

孙武军、陆璐：《交叉网络外部性与双边市场的倾斜式定价》，《中国经济问题》2013 年第 6 期。

唐方成、池坤鹏：《双边网络环境下的网络团购定价策略研究》，

《中国管理科学》2013年第3期。

唐要家、袁巧：《中国管制体制的改革深化和制度重构——首届"政府管制论坛"会议综述》，《财经论丛》2012年第4期。

万兴、杨晶：《从多边市场到产业平台——基于中国视频网站演化升级的研究》，《经济与管理研究》2015年第11期。

汪浩：《通道费与零售商市场力量》，《经济评论》2006年第1期。

王节祥、蔡宁：《平台研究的流派、趋势与理论框架——基于文献计量和内容分析方法的诠释》，《商业经济与管理》2018年第3期。

王磊：《必要设施视角下的搜索结果操纵行为管制——来自美国航空公司计算机订票系统案的启示》，《东北财经大学学报》2013年第1期。

王磊、张昕竹：《论搜索结果操纵行为的限制竞争效应》，《财经问题研究》2012年第4期。

王亮亮、任保全：《市场势力、行业结构与价格竞争——基于A股上市公司的实证分析》，《财贸经济》2014年第2期。

王起静：《展览产品定价模型及价格影响因素研究——基于双边市场理论视角》，《经济管理》2007年第16期。

王为农、许小凡：《大型零售企业滥用优势地位的反垄断规制问题研究——基于双边市场理论的视角》，《浙江大学学报》（人文社会科学版）2011年第5期。

王小芳、纪汉霖：《用户部分多归属条件下双边市场平台纵向一体化策略》，《系统工程》2011年第3期。

王学斌、赵波、寇宗来、石磊：《失之东隅、收之桑榆：双边市场中的银行卡组织》，《经济学（季刊）》2007年第1期。

王勇、冯骅：《平台经济的双重监管：私人监管与公共监管》，《经济学家》2017年第11期。

王昭慧、忻展红：《双边市场中的补贴问题研究》，《管理评论》2010年第10期。

魏如清、唐方成、董小雨、王睿瑀：《双边网络环境下开放与封闭平台的竞争：以移动操作系统平台为例》，《中国管理科学》2013年第 s2 期。

吴春旭、黄一络、许传永：《正负网络效应共存的社交平台定价问题》，《上海交通大学学报》2015 年第 4 期。

吴汉洪、刘雅甜：《中国反垄断领域的成就和挑战——纪念中国〈反垄断法〉实施十周年》，《东北财经大学学报》2018 年第 5 期。

吴汉洪、孟剑：《双边市场理论与应用述评》，《中国人民大学学报》2014 年第 2 期。

吴汉洪、周孝：《双边平台横向并购的福利效应：基于文献的评论》，《中国人民大学学报》2017 年第 2 期。

吴利华、申振佳：《产业生产率变化：企业进入退出、所有制与政府补贴——以装备制造业为例》，《产业经济研究》2013 年第 4 期。

吴绪亮、刘雅甜：《平台间网络外部性与平台竞争策略》，《经济与管理研究》2017 年第 1 期。

吴志军、赵雪：《移动应用平台定价机制研究——基于双边市场理论》，《经济管理》2013 年第 11 期。

武云亮、岳中刚：《银行卡产业交易定价的理论与实证研究》，《经济管理》2008 年第 12 期。

肖红军：《平台化履责：企业社会责任实践新范式》，《经济管理》2017 年第 3 期。

肖兴志、吴绪亮：《产业组织理论研究的新领域、新问题与新方法——2012 年产业组织前沿问题研讨会综述》，《经济研究》2012 年第 8 期。

谢兆霞、李莉：《两寡头序贯进入下的 B2B 电子商务网站 IT 投资决策》，《中国管理科学》2014 年第 2 期。

邢大宁、赵启兰、郜红虎：《基于双边市场理论的物流信息平台定价策略研究》，《商业经济与管理》2018 年第 6 期。

熊艳：《产业组织的双边市场理论——一个文献综述》，《中南财经政法大学学报》2010 年第 4 期。

胥莉、陈宏民：《基于不同市场结构的银行卡组织绩效研究》，

《管理工程学报》2007 年第 3 期。

胥莉、陈宏民、潘小军：《消费者多方持有行为与厂商的兼容性选择：基于双边市场理论的探讨》，《世界经济》2006 年第 12 期。

徐骏、苏银珊：《互联网行业反垄断面临的新难题——基于腾讯 QQ 与奇虎 360 诉讼案》，《财经问题研究》2012 年第 9 期。

许南、曾翠：《中外商业银行核心竞争力的比较》，《金融论坛》2008 年第 1 期。

严晓珺：《基于交换费机制的银行卡定价策略研究》，《东南大学学报》（哲学社会科学版）2008 年第 s2 期。

杨蕙馨：《企业的进入退出与产业组织政策：以汽车制造业和耐用消费品制造业为例》，上海人民出版社 2000 年版。

杨蕙馨、王硕、冯文娜：《网络效应视角下技术标准的竞争性扩散——来自 iOS 与 Android 之争的实证研究》，《中国工业经济》2014 年第 9 期。

杨涛、张成虎：《银行卡刷卡消费定价模型研究》，《当代财经》2008 年第 11 期。

杨天宇、张蕾：《中国制造业企业进入和退出行为的影响因素分析》，《管理世界》2009 年第 6 期。

杨文明：《互联网平台企业免费定价反垄断规制批判》，《广东财经大学学报》2015 年第 1 期。

杨晓玲：《垄断势力、市场势力与当代产业组织关系》，《南开经济研究》2005 年第 4 期。

叶林、曾国安：《进入壁垒、策略性阻止与企业创新》，《经济评论》2013 年第 5 期。

叶琼伟、张谦、杜萌：《基于双边市场理论的社交网络广告定价分析》，《南开管理评论》2016 年第 1 期。

于浩淼：《互联网经济下免费商业模式生态环境分析》，《财经问题研究》2017 年第 12 期。

于左、韩超：《产业组织理论前沿与竞争政策——2014 年产业组织前沿问题国际研讨会综述》，《经济研究》2014 年第 8 期。

喻蕾：《互联网发展背景下创意产业定价模式选择——基于双边市场理论的分析》，《财经科学》2017年第3期。

岳中刚：《双边市场的定价策略及反垄断问题研究》，《财经问题研究》2006年第8期。

岳中刚：《银行卡产业规制研究探析》，《外国经济与管理》2006年第3期。

岳中刚：《银行卡产业运作模式与反垄断问题研究》，《当代财经》2007年第3期。

岳中刚、赵玻：《通道费与大型零售商盈利模式研究：基于双边市场的视角》，《商业经济与管理》2008年第8期。

张春霞、蔡炎宏、刘淳：《竞争条件下的P2P网贷平台定价策略研究》，《清华大学学报》（自然科学版）2015年第4期。

张昊：《零售电商经营模式与商业行为——结合品牌制造商视角的比较分析》，《商业经济与管理》2018年第8期。

张杰、黄泰岩、芦哲：《中国企业利润来源与差异的决定机制研究》，《中国工业经济》2011年第1期。

张凯、李向阳：《双边市场中平台企业搭售行为分析》，《中国管理科学》2010年第3期。

张亮：《双边市场商业形式纵向一体化动因及绩效分析——以OTA与航空公司为例》，《国际商务（对外经济贸易大学学报）》2017年第6期。

张孟、何丹：《零售平台的商户组内多样化与差异化》，《南方经济》2011年第10期。

张骁、吴琴、余欣：《互联网时代企业跨界颠覆式创新的逻辑》，《中国工业经济》2019年第3期。

张小宁：《平台战略研究评述及展望》，《经济管理》2014年第3期。

张昕竹、占佳、马源：《免费产品的需求替代分析——以奇虎360/腾讯案为例》，《财贸经济》2016年第8期。

张新香、胡立君：《数据业务时代我国移动通信产业链整合模式及绩效研究——基于双边市场理论的分析视角》,《中国工业经济》2010 年第 6 期。

张艳辉、董花、李宗伟:《传统制造企业拓展网络销售渠道的绩效研究》,《经济科学》2018 年第 1 期。

章长城、任浩:《企业跨界创新:概念、特征与关键成功因素》,《科技进步与对策》2018 年第 21 期。

赵健、任剑新:《学术杂志定价、质量与学术评价机制——从双边平台视角的研究》,《中南财经政法大学学报》2011 年第 2 期。

赵振:《"互联网+"跨界经营:创造性破坏视角》,《中国工业经济》2015 年第 10 期。

甄艺凯:《网约车管制新政研究》,《中国工业经济》2017 年第 8 期。

周德良:《电商平台企业价值获取研究》,《宏观经济研究》2017 年第 4 期。

周末、王璐:《产品异质条件下市场势力估计与垄断损失测度——运用新实证产业组织方法对白酒制造业的研究》,《中国工业经济》2012 年第 6 期。

周勤、王飞:《信息不对称与"言多必失"——来自中国 P2P 网贷平台的证据》,《东南大学学报》(哲学社会科学版) 2016 年第 3 期。

Acs, Z. J., Audretsch, D. B., "Small-Firm Entry in US Manufacturing", *Economica*, 1989, 56 (222): 255-265.

Amelio, A., Jullien, B., "Tying and Freebies in Two-Sided Markets", *International Journal of Industrial Organization*, 2012, 30 (5): 436-446.

Argentesi, E., Filistrucchi, L., "Estimating Market Power in a Two-Sided Market: The Case of Newspapers", *Journal of Applied Econometrics*, 2007, 22 (7): 1247-1266.

Armstrong, M., "Competition in Two-Sided Markets", *The Rand Journal of Economics*, 2006, 37 (3): 668-691.

Armstrong, M., Wright, J., "Two – Sided Markets, Competitive Bottlenecks and Exclusive Contracts", *Economic Theory*, 2007, 32 (2): 353-380.

Arthur, W. B., "Competing Technologies, Increasing Returns, and Lock – in by Historical Events", *The Economic Journal*, 1989, 99 (394): 116-131.

Bain, J. S., *Barriers to New Competition*, Cambridge: Harvard University Press, 1956.

Bardey, D., Cremer, H., Lozachmeur, J., "Competition in Two-Sided Markets with Common Network Externalities", *Review of Industrial Organization*, 2014, 44 (4): 327-345.

Barros, P. P., Kind, H. J., Nilssen, T., et al., "Media Competition on the Internet", *Topics in Economic Analysis & Policy*, 2005, 4 (1): 87-121.

Baysinger, B., Hoskisson, R. E., "Diversification Strategy and R&D Intensity in Multiproduct Firms", *Academy of Management Journal*, 1989, 32 (2): 310-332.

Belleflamme, P., Toulemonde, E., "Negative Intra-Group Externalities in Two-Sided Markets", *International Economic Review*, 2009, 50 (1): 245-272.

Borenstein, S., Mackie-Mason, J. K., Netz, J. S., "Antitrust Policy in Aftermarkets", *Antitrust Law Journal*, 1995, 63 (4): 455-482.

Brandow, G. E., "Market Power and Its Sources in the Food Industry", *American Journal of Agricultural Economics*, 1969, 51 (1): 1-12.

Cabral, L., "Aftermarket Power and Foremarket Competition", *International Journal of Industrial Organization*, 2014 (35): 60-69.

Caillaud, B., Jullien, B., "Chicken & Egg: Competition among Intermediation Service Providers", *The Rand Journal of Economics*, 2003, 34 (2): 309-328.

Chakravorti, S., "Theory of Credit Card Networks: A Survey of the Literature", *Review of Network Economics*, 2003, 2 (2): 50-68.

Chandler, A. D., *Scale and Scope: The Dynamics of Industrial Capitalism*, Cambridge: Harvard University Press, 1990.

Chandra, A., Collard-Wexler, A., "Mergers in Two-Sided Markets: An Application to the Canadian Newspaper Industry", *Journal of Economics & Management Strategy*, 2009, 18 (4): 1045-1070.

Chen, Y., "On Vertical Mergers and Their Competitive Effects", *The Rand Journal of Economics*, 2000, 32 (4): 667-685.

Chen, Y., Zhang, T., "Intermediaries and Consumer Search", *International Journal of Industrial Organization*, 2018, 57 (1): 255-277.

Choi, J. P., "Tying in Two-Sided Markets with Multi-Homing", *The Journal of Industrial Economics*, 2010, 58 (3): 607-626.

Church, J., Gandal, N., "Strategic Entry Deterrence: Complementary Products as Installed Base", *European Journal of Political Economy*, 1996, 12 (2): 331-354.

Daniel, L. R., "Antitrust Enforcement in Dynamic Network Industries", *The Antitrust Bulletin*, 1998, 43 (3-4): 859-882.

Doganoglu, T., Wright, J., "Multihoming and Compatibility", *International Journal of Industrial Organization*, 2006, 24 (1): 45-67.

Duetsch, L. L., "Structure, Performance, and the Net Rate of Entry into Manufacturing Industries", *Southern Economic Journal*, 1975, 41 (3): 450-456.

Economides, N., Katsamakas, E., "Two-Sided Competition of Proprietary vs. Open Source Technology Platforms and the Implications for the Software Industry", *Management Science*, 2006, 52 (7): 1057-1071.

Economides, N., "The Economics of Networks", *International Journal of Industrial Organization*, 1996, 14 (6): 673-699.

Economides, N., *Compatibility and the Creation of Shared Networks*, New York: Praeger Press, 1991.

Eisenmann, T., Parker, G., Van Alstyne, M., "Platform Envelopment", *Strategic Management Jounal*, 2011, 32 (12): 1270-1285.

Eisenmann, T., Parker, G., Van Alstyne, M., "Strategies for Two-Sided Markets", *Harvard Business Review*, 2006, 84 (10): 92-101.

Evans, D. S., "Economics of Vertical Restraints for Multi-Sided Platforms", University of Chicago Institute for Law & Economics Olin Research Paper, No. 626, 2013.

Evans, D. S., Hagiu, A., Schmalensee, R., "A Survey of the Economic Role of Software Platforms in Computer-Based Industries", *CESifo Economic Studies*, 2005, 51 (2-3): 189-224.

Evans, D. S., Noel, M. D., "Defining Antitrust Markets When Firms Operate Two-Sided Platforms", *Columbia Business Law Review*, 2005 (3): 667-702.

Evans, D. S., Noel, M. D., "The Analysis of Mergers That Involve Multisided Platform Businesses", *Journal of Competition Law and Economics*, 2008, 4 (3): 663-695.

Evans, D. S., Schmalensee, R., "Failure to Launch: Critical Mass in Platform Businesses", *Review of Network Economics*, 2010, 9 (4): 1-26.

Evans, D. S., Schmalensee, R., "The Antitrust Analysis of Multi-Sided Platform Businesses", National Bureau of Economic Research Working Paper, No. 18783, 2013.

Evans, D. S., Schmalensee, R., "The Industrial Organization of Markets with Two-Sided Platforms", *Competition Policy International*, 2007, (3): 151-179.

Evans, D. S., "Some Empirical Aspects of Multi-Sided Platform Industries", *Review of Network Economics*, 2003, 2 (3): 191-209.

Fare, R., Suensson, L., "Congestion of Production Factors", *Econometrica*, 1980, 48 (7): 1745-1753.

Farrell, J., Saloner, G., "Installed Base and Compatibility: Innovation, Product Preannouncements, and Predation", *The American Economic Review*, 1986, 76 (5): 940-955.

Farrell, J., Saloner, G., "Standardization, Compatibility, and Innovation", *The Rand Journal of Economics*, 1985, 16 (1): 70-83.

Filistrucchi, L., Geradin, D., Damme, E. V., et al., "Market Definition in Two-Sided Markets: Theory and Practice", *Journal of Competition Law & Economics*, 2014, 10 (2): 293-339.

Filistrucchi, L., Geradin, D., Damme, E. V., et al., "Mergers in Two-Sided Markets—A Report to the NMa", Nederlandse Mededingingsautoriteit, 2010.

Fong, Y., Li, J., Liu, K., "When Does Aftermarket Monopolization Soften Foremarket Competition?", *Journal of Economics & Management Strategy*, 2016, 25 (4): 852-879.

Gawer, A., Cusumano, M. C., *Platform Leadership: How Intel, Microsoft and Cisco Drive Industry Innovation*, Boston: Harvard Business School Press, 2002.

Gawer, A., *Platforms, Markets and Innovation*, Cheltenham: Edward Elgar Publishing, 2009.

Geringer, J. M., Tallman, S., Olsen, D. M., "Product and International Diversification among Japanese Multinational Firms", *Strategic Management Journal*, 2000, 21 (1): 51-80.

Geroski, P. A., "Entry and the Dynamics of Profit Margins", *Revue D'Economie Industrielle*, 1990, 54 (1): 7-21.

Hagiu, A., Halaburda, H., "Information and Two-Sided Platform Profits", *International Journal of Industrial Organization*, 2014, 34: 25-35.

Hagiu, A., Jullien, B., "Search Diversion and Platform Competition", *International Journal of Industrial Organization*, 2014, 33: 48-60.

Hagiu, A., Lee, R. S., "Exclusivity and Control", *Journal of*

Economics & Management Strategy, 2011, 20 (3): 679-708.

Hagiu, A., "Multi-Sided Platforms: From Microfoundations to Design and Expansion Strategies", Harvard Business School Working Paper, 2009.

Hagiu, A., "Pricing and Commitment by Two-Sided Platforms", *The Rand Journal of Economics*, 2006, 37 (3): 720-737.

Hansen, R., Siew, K. S., "Hummel's Digital Transformation toward Omni Channel Retailing: Key Lessons Learned", *MIS Quarterly Executive*, 2015, 14 (2): 51-66.

Jerath, K., Zhang, Z. J., "Store within a Store", *Journal of Marketing Research*, 2009, 47 (4): 748-763.

Kaiser, U., Wright, J., "Price Structure in Two-Sided Markets: Evidence from the Magazine Industry", *International Journal of Industrial Organization*, 2006, 24 (1): 1-28.

Kaserman, D. L., "Efficient Durable Good Pricing and Aftermarket Tie-in Sales", *Economic Inquiry*, 2007, 45 (3): 533-537.

Katz, M. L., Shapiro, C., "Network Externalities, Competition, and Compatibility", *The American Economic Review*, 1985, 75 (3): 424-440.

Kim, J., Prince, J., Qiu, C., "Indirect Network Effects and the Quality Dimension: A Look at the Gaming Industry", *International Journal of Industrial Organization*, 2014, 37: 99-108.

Kodama, M., Shibata, T., "Developing Knowledge Convergence through a Boundaries Vision—A Case Study of Fujifilm in Japan: Developing Knowledge Convergences", *Knowledge & Process Management*, 2016, 23 (4): 274-292.

Kovacic, W. E., Shapiro, C., "Antitrust Policy: A Century of Economic and Legal Thinking", *The Journal of Economic Perspectives*, 2000, 14 (1): 43-60.

Levy, H., Sarnat, M., "Diversification, Portfolio Analysis and the

Uneasy Case for Conglomerate Mergers", *Journal of Finance*, 1970, 25 (4): 795-802.

Luchetta, G., "Is the Google Platform a Two-Sided Market?", 23rd European Regional Conference of the International Telecommunication Society, 2012.

Mayer, W. J., Chappell, W. F., "Determinants of Entry and Exit: An Application of the Compounded Bivariate Poisson Distribution to U. S. Industries, 1972 – 1977", *Southern Economic Journal*, 1992, 58 (3): 770-778.

McFadden, D., *Cost, Revenue and Profit Functions*, Berkeley: University of California Press, 1978.

Mueller, D. C., Tilton, J. E., "Research and Development Costs as a Barrier to Entry", *Canadian Journal of Economics*, 1969, 2 (4): 570-579.

Orr, D., "The Determinants of Entry: A Study of the Canadian Manufacturing Industries", *The Review of Economics and Statistics*, 1974, 56 (1): 58-66.

Parker, G. G., Van Alstyne, M. W., "Two-Sided Network Effects: A Theory of Information Product Design", *Management Science*, 2005, 51 (10): 1494-1504.

Penrose, E., *The Theory of the Growth of the Firm*, Oxford: Oxford University Press, 1995.

Porter, M. E., *Competitive Advantage: Creating and Sustaining Superior Performance*, New York: Free Press, 1985.

Rochet, J. C., Tirole, J., "Platform Competition in Two-Sided Markets", *Journal of the European Economic Association*, 2003, 1 (4): 990-1029.

Rochet, J. C., Tirole, J., "Two-Sided Markets: A Progress Report", *The Rand Journal of Economics*, 2006, 37 (3): 645-667.

Rosenkopf, L., Nerkar, A., "Beyond Local Search: Boundary-

Spanning, Exploration, and Impact in the Optical Disk Industry", *Strategic Management Journal*, 2001, 22 (4): 287-306.

Roson, R., "Two-Sided Market: A Tentative Survey", *Review of Network Economics*, 2005, 2 (4): 142-160.

Rysman, M., "An Empirical Analysis of Payment Card Usage", *Journal of Industrial Economics*, 2007, 55 (1): 1-36.

Rysman, M., "Competition between Networks: A Study of the Market for Yellow Pages", *The Review of Economic Studies*, 2004, 71 (2): 483-512.

Rysman, M., "The Economics of Two-Sided Markets", *Journal of Economic Perspectives*, 2009, 23 (3): 125-143.

Schwalbach, J., "Entry by Diversified Firms into German Industries", *International Journal of Industrial Organization*, 1987, 5 (1): 43-49.

Shapiro, D., Khemani, R. S., "The Determinants of Entry and Exit Reconsidered", *International Journal of Industrial Organization*, 1987, 5 (1): 15-26.

Su, W., Tsang, E. W. K., "Product Diversification and Financial Performance: The Moderating Role of Secondary Stakeholders", *The Academy of Management Journal*, 2015, 58 (4): 1128-1148.

Weyl, E., "A Price Theory of Multi-Sided Platforms", *The American Economic Review*, 2010, 100 (4): 1642-1672.

Whinston, M. D., "Tying, Foreclosure, and Exclusion", *The American Economic Review*, 1990, 80 (4): 837-859.

White, A., Weyl, E., "Imperfect Platform Competition: A General Framework", NET Institute Working Paper, No. 10-17, 2010.

Wilbur, K. C., "A Two-Sided, Empirical Model of Television Advertising and Viewing Markets", *Marketing Science*, 2008, 27 (3): 356-378.

Woroch, G. A., Warren-Boulton, F. R., Baseman, K. C., "Exclusionary Behavior in the Market for Operating System Software: The Case of Microsoft", *Opening Networks to Competition*, 1998, (27): 221-238.

Wright, J., "The Determinants of Optimal Interchange Fees in Payment Systems", *The Journal of Industrial Economics*, 2004, 52 (1): 1-26.

Yoo, W. S., Lee, E., "Internet Channel Entry: A Strategic Analysis of Mixed Channel Structures", *Marketing Science*, 2011, 30 (1): 29-41.

致　　谢

自2012年至今,我研究互联网平台经济已近十年。十年间,我见证了平台经济的发展,以及对中国经济的影响。如今,互联网平台经济以其创新和活力,成为我国经济增长的重要引擎和推进力量。观往知来,相信平台经济一定会延续其活力与繁荣,助力我国经济高质量发展。

在此,我要感谢我的导师——曲创教授。正是在曲老师的引导和启发下,我对平台经济领域产生了浓厚的兴趣。曲老师对学生极富创造性和艺术性的指导,使我逐渐领会学术研究的真谛——以已知探索未知并获得新知。在研究、探索的过程中,我们需有心如古井的定力和愚公移山的毅力,为研究领域中微小的进步付出巨大的努力,那些流过的汗水、不眠的长夜甚至走过的弯路都不会白费,它们将如万丈高楼的地基与参天大树的根脉,成为所有研究成果的坚强支撑。曲老师对学术的热爱,多年来在互联网平台经济领域的耕耘深深地感染、影响着他的每一位学生,也让我越来越相信"信念""毅力""坚韧""乐观"这些字眼的力量。曲老师为人师表的道德表率、严谨细致的工作作风、宽和包容的生活态度,引领着我不断地思考和领悟人生。最终,我也立志成为一名教师,如曲老师一般,传播知识和真理,塑造灵魂和生命。良师指导,受益终身,由其传道授业,何其幸也!未来我将继续秉承师门传统,用汗水浇灌学术研究的良田,以研究成果回馈社会,以梦为马,不负韶华。